KB175365

플랫폼씽킹

플랫폼씽킹

장기민 지음

스스로 차별화된
브랜드가 되는 사람들의
8단계 생각법

plan b
DESIGN

우리는 플랫폼 속에 살고 있다. 집이라는 플랫폼, 직장이라는 플랫폼 그리고 학교라는 플랫폼 등 시스템을 보유한 플랫폼의 수는 생각보다 많으며, 우리는 그것을 각각 단일한 플랫폼으로 여기고 있다.

코로나19를 기점으로 달라진 생활환경이 많다. 집이 사무실이 되고 자주 가는 카페가 강의실이 되는 등 그 플랫폼이 변형되고 축소·분산되는 것을 우리는 그동안 눈으로 확인할 수 있었다.

플랫폼에 대해 유연한 사고방식을 가지면 문제 해결에 도움이 되는 것은 물론 여러 가지 창의적인 작업들을 수행할 수 있다. 플랫폼씽킹은 생각의 단위를 넓히기도 하고 좁히기도 한다. 우리 각자가 플랫폼의 단위인 것을 깨닫는 순간부터 플랫폼씽킹은 시작된다.

우리가 매일 사용하고 있는 스마트폰이라는 제품, 그 제품 안에 구조화된 공간 그리고 다시 그 공간들 속에 질서 있게 배열된 도시의 개념들까지, 플랫폼이 확장되고 축소되며 플랫폼 안에 다시 플랫폼이 구성되는 모습들은 분명 흥미롭게 읽힐 것이며 독자들의 사고 확장에 유의미하게 작용할 것이다.

이 책은 플랫폼이라는 단어에 포함된 개념과 산업들을 뒤집는다. 뒤집어서 분해한 뒤 다시 배열한다. 사람을 제품처럼 생각할 수 있는 관점, 사람을 하나의 공간으로 인식하고 방문할 수 있는 개념, 한 사람이 하나의 도시처럼 기능하는 여러 측면의 내용들을 이 책에 담았다.

당신은 이 책을 통해 새로운 생각의 구조를 머릿속에 탑재할 수 있을 것이다. 그 새로운 생각의 구조는 그동안 불가능해 보였기에 손놓고 있던 일들에 대한 실행 가능 방법론들을 제공해 줄 것이다. 우리는 지금까지 직장, 학교, 집을 단순한 공간적 개념으로만 인식해왔다. 하지만 달리 생각해 보면 내 직장은 '업무 수행'이라는 기능성을 가진 제품이며, 그 제품의 내부에는 여러 부서들이 서로 공존하고 또 질서를 유지하는 도시의 모습을 갖추고 있다.

플랫폼씽킹은 당신의 생각을 보다 유연하게 만들어 줄 것이며, 그를 통해 해결이 필요한 문제에 더 가깝게 다가설 수 있게 할 것이다. 시중에 나와 있는 '디자인씽킹(Design Thinking)' 관련 책들이 디자이너처럼 사고하는 방법을 알려 주었다면 '플랫폼씽킹(Platform Thinking)'은 지금 하고 있는 생각의 다음 레벨을 제시하고 있다. 생각이 앞서 있고 유연하다면 눈앞의 문제를 바라보고 대하는 태도가 달라질 것이며, 이를 통해 당신의 커리어는 더욱 탄력을 받아 성장할 것이다.

플랫폼씽킹을 통해 당신은 '나'라는 브랜드의 CEO가 되고, 당신이 다니게 될 회사와 제휴를 맺는 형식으로 입사할 수 있을 것이다. 플랫폼씽킹은 이처럼 다양한 분야에 널리 활용될 수 있는 도구다.

우리는 우리 자신이 플랫폼이라는 사실을 잘 모른다.

생각하고, 그 생각대로 말하고, 자기가 말한 대로 행동하는 그 모든 과정은 '나'라는 플랫폼 위에서 작동하고 있으며 우리는 그것이 '내 씽킹'임을 분명히 자각해야 한다.

플랫폼씽킹을 하면 당신은 차별화된 '나'라는 브랜드의 CEO가 될 수 있다. 그리고 당신 앞에 닥친 여러 과제들을 슬기롭게 해결해 나갈 수 있을 것이다. 아직 진로를 정하지 못했거나 미래에 대한 여러 걱정들로 힘들어 하는 20, 30대가 이 책을 읽는다면 문제에 대한 뒤집기 전략을 구사할 수 있을 것이다.

플랫폼씽킹을 하라. 그리고 또 하나의 플랫폼이 되어라. 이 책을 읽는 독자들이 가장 효율적인 방법으로 사고하여 멋진 플랫폼을 완성하길 간절히 바란다.

\# 인생을 바꾸는
플랫폼씽킹

WHATEV
IT
TAKES

PLATFORM THINKING

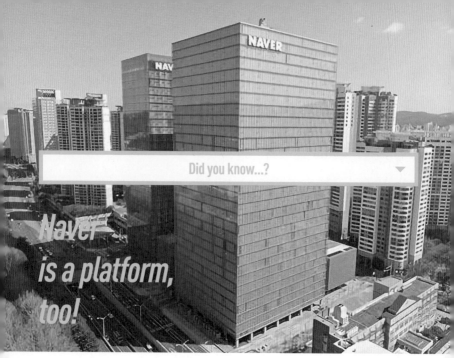

우리가 몰랐던 우리의 플랫폼

우리는 매일 플랫폼을 이용하며 생활한다. 물건을 구매할 땐
G마켓과 쿠팡이라는 플랫폼을 이용하고, 검색할 땐 네이버라
는 플랫폼을 주로 이용하는 등 다양한 플랫폼 속에서 생활한
다. 하지만 정작 스마트폰에서 네이버 앱을 켤 땐 이게 플랫폼
이라는 사실을 뚜렷하게 인지하지 못하는 경우가 많다.

당신은 네이버를 어떻게 인식하고 있는가? 스마트폰 앱? 인터넷 웹사이트? 검색 도구? 저마다의 인식에 따라 내려지는 정의는 각기 다르다. 뉴스 기사에서 이야기하는 플랫폼으로서의 네이버는 공급자와 수요자가 연결되는 매개체로서의 의미를 지니는데, 물리적으로는 스마트폰 안에서 일정한 규격의 네모난 앱으로 존재한다.

즉, 논리대로 보자면 스마트폰이라는 공간 내에 네이버 앱이라는 제품이 존재한다. G마켓 앱과 쿠팡 앱이라는 제품 또한 네이버 앱 옆에 나란히 진열되어 있다. 모두 스마트폰이라는 공간 내에 물리적으로 존재하는 제품들이다.

이런 G마켓 앱이 스마트폰 홈 화면에 예쁘게 디스플레이되어 있는 하나의 제품처럼 인식될지 모르지만, 사실 G마켓 앱은 수요와 공급, 판매와 소비가 쉴 틈 없이 반복되는 일종의 공간이다. G마켓 앱이 스마트폰이라는 공간 내에 위치하고 있는 별도의 공간이라는 뜻이다.

지금까지 스마트폰을 공간의 개념에서 설명했지만, 사실 우리가 스마트폰을 구매할 때 이 폰이 공간이라 생각하며 고르진 않는다. 새로 나온 iPhone의 색상과 디자인, 크기와 무게 등에 반응하고, 갤럭시Z 시리즈에 탑재된 새로운 유형의 신기술에 반응하며 제품으로서의 스마트폰을 고른다.

그렇다면 스마트폰이라는 제품 안에 네이버, 쿠팡, G마켓이라는 공간이 존재한다는 것일까?

시대의 흐름을 주도하는 기업들은 회사 사옥 내에 R&D 기능을 포함시켜 거대한 규모의 캠퍼스를 조성하고 있다. 국내 대기업뿐만 아니라 미국의 구글, 애플 같은 기업들도 회사라는 플랫폼을 기존과 다르게 정의 내리려 하는 것이다.

사옥 내에는 카페와 예술작품이 배치되어 있고, 자연 햇살을 내리쬘 수도 있다. 피트니스 센터를 비롯하여 다양한 활동의 시설들이 배치된 최근 기업의 캠퍼스들은 웰빙을 기초로 건물의 유연성이 극대화된 모습을 보이고 있다고 할 수 있는데, 업무 공간을 자유롭게 조절할 수 있는 탄력성과 수용인원을 늘리거나 줄일 수 있는 확장성 등이 포함된다.

　이렇게 다양한 기능이 포함된 기업의 캠퍼스는 마치 대학의 캠퍼스와 같이 조경을 관리하는 등 일과 휴식의 밸런스를 조절할 수 있는 자율적 형태로 발전하고 있다. 자율성이 기반된 대학 생활의 개념을 업무 공간까지 확장시켜 능률을 높이고 있다.

　이러한 모든 시도와 변화들은 다름 아닌 플랫폼에 대한 접근을 통해 가능한 일들이다. 필자는 저서 『하버드씽킹』을 통해 우리의 머리가 플랫폼이 되면 그 플랫폼 내에 하버드의 지식이 주입되고, 우리의 말과 표현을 통해 송출되는 과정으로 강력한 퍼스널브랜딩Personal Branding을 이룰 수 있다고 전한 바 있다.

공간 플랫폼

제품 플랫폼   도시 플랫폼

출처/언스플래쉬

'나'라는 큰 그릇이 존재한다면 거기에 하버드 지식을 담근 뒤 꺼내는 방식으로 하버드생처럼 씽킹이 가능하다는 내용인데, 여기서 가장 중요한 점은 그러한 씽킹이 가능한 플랫폼을 구성하는 일이다.

플랫폼씽킹의 3가지 주요 분류는,

• 제품 플랫폼
• 공간 플랫폼

- 도시 플랫폼

이렇게 구성되는데, 이는 다음 장에서 더욱 자세히 설명하도록 하겠다.

플랫폼씽킹의 3가지 플랫폼

고부가가치의 성과 창출을 위해서는 먼저 자신이 어떤 플랫폼으로 구성되어 있는 사람인지 분석해 낼 필요가 있다.

이 과정에서의 플랫폼은 크게 3가지로 구분된다.

- 제품 플랫폼Product Platform
- 공간 플랫폼Spatial Platform
- 도시 플랫폼Urban Platform

제품 플랫폼Product Platform

우리는 각자 저마다의 기능을 가지고 있는 제품을 매일 사용하며 지낸다. 그 제품의 기능에 의해 제품의 카테고리가 분류되고, 제품의 네이밍이 완성되는 구조다.

세탁기를 예로 들어 보자. 세탁기라는 제품의 핵심은 더러워진 빨래를 깨끗하게 세탁해 주는 일이다. 세탁기라는 제품은 세탁이라는 기능에서 벗어날 수 없다. 따라서 우리는 세탁기에 기대하는 바가 명확하다. 더러워진 옷을 깨끗하게 변화시켜 주는 것. 세탁기라는 제품이 가지고 있는 기능의 핵심이라고 할 수 있다.

냉장고를 예로 들어 보자. 음식이 상하지 않게 낮은 온도를 유지하며 싱싱함을 유지시켜 주는 것이 냉장고의 핵심 기능

이다. 따라서 우리는 냉장고라는 제품에 대해 기대하는 바가 명확하다. 온도 조절을 통해 음식의 신선함을 유지시켜 주는 일. 냉장고는 그 핵심 가치에서 벗어난 채 논의될 수 없다.

그 밖에도 식기세척기, 무선 청소기, 컴퓨터 등등 세상에 존재하는 모든 제품에는 저마다의 기능이 부여되어 있다. 그것들은 그 기능을 수행하기 위해 존재하며, 그 기능을 수행하는 데 절대 문제가 없어야만 한다.

Doctors are product platforms too!

기능에 문제가 없어야만 그 가치를 인정받아 제품으로 이름 붙여진다. 만약 아무런 기능을 하지 못한다면 그건 그냥 자리를 차지하고 있는 일종의 물체에 불과할 것이다.

나 자신을 제품 플랫폼으로 분석해 본다면, 나는 어떤 기능을 수행하는 사람인지 생각해 볼 수 있다.

플랫폼씽킹

의사나 변호사의 경우는 제품 플랫폼으로 정의 내리기가 수월하다. 의사나 변호사에게 우리가 기대할 수 있는 능력이나 가치가 분명하게 구분되어 있기 때문이다. 따라서 우리는 몸이 아프면 의사에게 가고, 억울한 일을 당하면 변호사를 찾아간다.

공간 플랫폼Spatial Platform

우리는 매일매일 어떤 공간을 방문하면서 생활한다. 아침에 출근하면 사무실이라는 공간, 학교에 가면 강의실이라는 공간, 점심시간이 되면 식당이라는 공간, 카페라는 공간 그리고 집에 오면 집이라는 공간, 또 내 방이라는 공간에서 생활한다.

우리가 공간을 방문하는 이유는 그 공간에서 얻고자 하는 바가 분명히 있기 때문인데, 만약 해당 공간이 우리가 원하는 바를 제공해 주지 못하면 우리는 더 이상 그 공간에 방문할 이유가 없어지며 그 공간의 가치는 사라진다.

COFFEE 2
SO 2
ORIGIN COFFEE A.
ATO
OI ONE 3
CINO 3

A.

만약 우리가 어떤 공간의 주인이라고 했을 때, 그 공간은 우리가 설정한 콘셉트에 의해서 그 정체성이 결정된다고 할 수 있다. 또한 사람들이 우리의 공간을 얼마나 필요로 하는지에 따라 공간 방문율이 높아지거나 낮아질 수도 있다.

공간 내에는 여러 가지 오브제Objet들이 있고 그 오브제가 공간의 성격을 결정한다. 공간을 방문하는 사람들은 그 안에 있는 오브제인 여러 제품들을 사용하며 공간을 경험한다.

공간 플랫폼은 각자 다른 기능을 하는 여러 제품을 공간이 추구하는 콘셉트를 구현하기 위한 도구로서 배치하여 공간의 완성도를 높이는 결과를 가져온다고 할 수 있다.

예를 들면, 걸 그룹이나 록 밴드와 같은 그룹은 공간 플랫폼으로 구조화되어 있다고 말할 수 있다. 사람들은 저마다 매력적인 여러 멤버들이 모여 있는 걸 그룹 자체에 관심을 갖지만, 그 걸 그룹 내에서 각자 호감 가는 멤버가 서로 다를 수 있기 때문이다.

우리는 '나'라는 공간을 찾는 사람들이 어떤 가치를 얻을 수 있을지 기획하고 구성해 볼 필요가 있다. 사람들이 나를 방문했을 때 혼란스러워하지 않고 편안하게 머물며 원하는 바를 얻어갈 수 있도록 훌륭한 제공자가 되어야 한다.

도시 플랫폼Urban Platform

우리 모두는 서로 사는 지역이 다르다. 하지만 대부분은 자급자족이 가능한 도시 단위에서 지내고 있다. 그 도시 안에는 일자리가 있고, 일을 통해 벌어들인 돈을 소비하며 지낼 수 있는 시스템이 갖춰져 있다. 이러한 과정을 통해 도시의 경제는 순환되며 발전한다.

도시 안에는 여러 구역들이 있다. 주거지역이 있고 상업시설이 있으며 공원, 녹지, 교육시설 등 다양한 요소들이 도시에 구획되어 구성되어 있다. 그 요소들은 공간의 균형을 맞추며 도시 내에 구조화되어 있고, 도시에서 살기로 결정한 사람들은 도시와 유기적 상호작용을 맺으며 지낸다.

기업 조직에 큰 영향력을 행사하는 CEO는 도시 플랫폼 형태로 구조화되어 있는 경우가 많다. 구체적으로 예를 들면, JYP 엔터테인먼트의 JYP 같은 대표자급 인물들이 도시 플랫폼과 같은 형태로 기업 내에서 구조화되어 있다고 말할 수 있다.

그 대표자가 지니고 있는 철학과 세계관이 조직의 사상과 행동을 결정하고, 생활양식에 지속적인 영향력을 행사한다면 도시 플랫폼을 갖춘 리더라고 말할 수 있을 것이다.

출처/언스플래쉬

당신이 만약 리더라면 당신이 영향력을 행사하는 범위 안에 사람들이 어떤 모습으로 머물며 지내고 있는지를 점검해 볼 필요가 있다. 그 모습들을 지속적으로 체크하며 도시 내 삶의 질을 향상시키기 위해 노력한다면 내가 구성하고 있는 도시 생태계는 지속적으로 발전할 것이다.

플랫폼씽킹

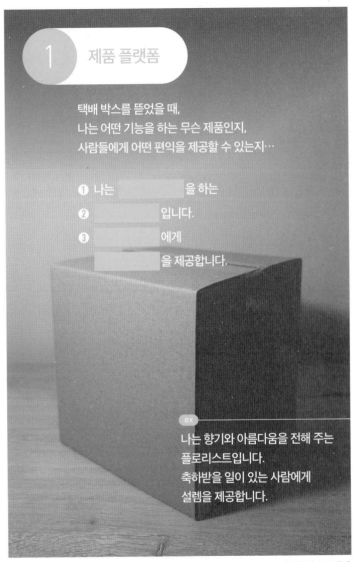

1 제품 플랫폼

택배 박스를 뜯었을 때,
나는 어떤 기능을 하는 무슨 제품인지,
사람들에게 어떤 편익을 제공할 수 있는지…

➊ 나는 ▢▢▢▢▢ 을 하는

➋ ▢▢▢▢▢ 입니다.

➌ ▢▢▢▢ 에게

▢▢▢▢ 을 제공합니다.

ex
나는 향기와 아름다움을 전해 주는
플로리스트입니다.
축하받을 일이 있는 사람에게
설렘을 제공합니다.

출처/언스플래쉬

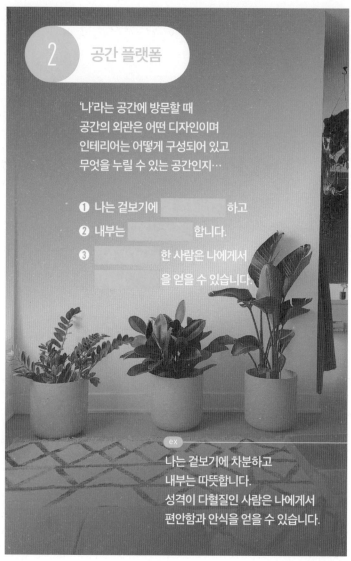

2 공간 플랫폼

'나'라는 공간에 방문할 때
공간의 외관은 어떤 디자인이며
인테리어는 어떻게 구성되어 있고
무엇을 누릴 수 있는 공간인지…

❶ 나는 겉보기에   하고
❷ 내부는   합니다.
❸   한 사람은 나에게서
         을 얻을 수 있습니다.

ex
나는 겉보기에 차분하고
내부는 따뜻합니다.
성격이 다혈질인 사람은 나에게서
편안함과 안식을 얻을 수 있습니다.

출처/언스플래쉬

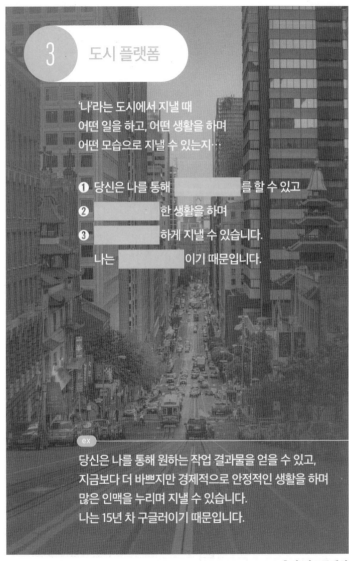

3 도시 플랫폼

'나'라는 도시에서 지낼 때
어떤 일을 하고, 어떤 생활을 하며
어떤 모습으로 지낼 수 있는지…

① 당신은 나를 통해 [   ]를 할 수 있고
② [   ]한 생활을 하며
③ [   ]하게 지낼 수 있습니다.
나는 [   ]이기 때문입니다.

ex

당신은 나를 통해 원하는 작업 결과물을 얻을 수 있고,
지금보다 더 바쁘지만 경제적으로 안정적인 생활을 하며
많은 인맥을 누리며 지낼 수 있습니다.
나는 15년 차 구글러이기 때문입니다.

출처/언스플래쉬

이러한 모든 시도와

tform Busi

Platform

Pla

플랫폼에 대한 접근을

변화들은 다름 아닌

ess

Business

orm Busine

통해 가능한 일들이다

플랫폼씽킹의 2가지 슈퍼 플랫폼

앞 장에서 우리는 플랫폼씽킹의 3가지 플랫폼에 대해 알아보았다. 3가지 플랫폼은 소비자에게 어떠한 가치를 공급해 줄 수 있을 것인가에 초점이 맞춰진, 이른바 공급 중심적 플랫폼이다.

수요자를 중심으로 한 2가지 플랫폼이 있는데, 이는 슈퍼히어로 플랫폼과 슈퍼스타 플랫폼이다. 여기에 대해 알아보자.

슈퍼히어로 플랫폼Superhero Platform

할리우드 액션 영화를 보면 항상 멋지게 악당을 물리치는 슈퍼히어로가 등장한다. 슈퍼히어로의 등장은 손에 땀을 쥐게 만든다. 슈퍼히어로는 일정한 공식을 갖고 영화에 등장하는데, 바로 우주 괴물빌런이 지구의 안전을 위협할 때만 등장한다는 것이다.

즉, 슈퍼히어로는 사람들이 평안할 때는 등장하지 않고 시민들이 위험에 빠지거나 위기 상황에 닥쳤을 때 그 문제를 해결하기 위해 나타난다.

　우리가 난감한 문제 앞에서 어찌할 바를 모르고 있을 때, 저명한 지식인의 한마디가 큰 도움이 되는 경우가 있다. 슈퍼히어로 플랫폼은 이처럼 문제 해결사가 되어 준다.

　하지만 슈퍼히어로 플랫폼은 반드시 문제가 있을 때만 기능을 발휘할 수 있다는 점에 유의해야 한다. 문제의식을 가지고 일상의 불편을 발견해가며 그 불편을 해결해 나갈 때 우리는 슈퍼히어로가 될 수 있다.

슈퍼스타 플랫폼Superstar Platform

슈퍼스타 플랫폼은 소비자가 간절히 원하고 있는 바를 제공해 주는 플랫폼이다. 이는 주목도가 높고 파급 효과가 크다.

슈퍼히어로 플랫폼이 문제에 집중하는 플랫폼이었다면, 슈퍼스타 플랫폼은 사람에 집중하는 플랫폼이다. 슈퍼스타는 이미 대중들과의 신뢰 기반이 다져진 상태다. 따라서 슈퍼스타의 행보는 일반인에 비해 더 큰 가치를 지닌다.

대기업은 슈퍼히어로 플랫폼을 이용하여 신제품을 홍보하는 등의 모습을 보인다.

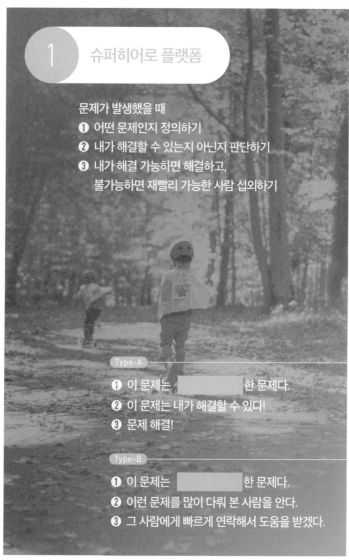

1 슈퍼히어로 플랫폼

문제가 발생했을 때
❶ 어떤 문제인지 정의하기
❷ 내가 해결할 수 있는지 아닌지 판단하기
❸ 내가 해결 가능하면 해결하고,
   불가능하면 재빨리 가능한 사람 섭외하기

Type-A
❶ 이 문제는 [   ] 한 문제다.
❷ 이 문제는 내가 해결할 수 있다!
❸ 문제 해결!

Type-B
❶ 이 문제는 [   ] 한 문제다.
❷ 이런 문제를 많이 다뤄 본 사람을 안다.
❸ 그 사람에게 빠르게 연락해서 도움을 받겠다.

출처/언스플래쉬

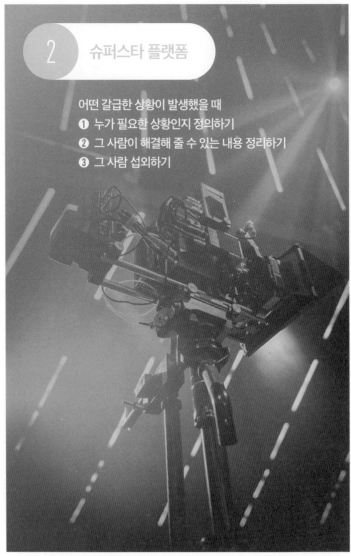

2 슈퍼스타 플랫폼

어떤 갈급한 상황이 발생했을 때
❶ 누가 필요한 상황인지 정의하기
❷ 그 사람이 해결해 줄 수 있는 내용 정리하기
❸ 그 사람 섭외하기

플랫폼씽킹

'나'라는 캐릭터를 밀도 있게 활용하기

우리는 어쩌면 지금의 '나'를 100% 활용하지 못하며 지내고 있는 것일 수도 있다. 자신의 플랫폼을 알지 못하면 자신의 능력도 모두 발휘해 내기 어렵기 때문이다.

　먼저 우리는 우리의 능력을 어떻게 발휘하고 있는지를 깨달아야 한다.

· 의사나 변호사처럼 심플하고 정확하게 규정할 수 있는 제품형 인간인가.

출처/언스플래쉬

Know
Yourself

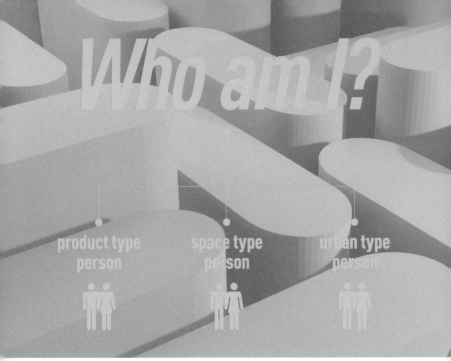

출처/언스플래쉬

- 다양성을 존중하지만 분명한 공간의 철학을 지니고 있는 공간형 인간인가.
- 스케일이 크며 다양한 관계성을 품고 있는 도시형 인간인가.

먼저 자기 자신을 분석할 수 있어야 한다. 그리고 제품 플랫폼, 공간 플랫폼, 도시 플랫폼 중에서 어떤 플랫폼을 취할지

플랫폼씽킹

결정해야 한다. 그렇게 결정된 플랫폼 위에서 뚜렷한 노력을 해야만 에너지가 다른 곳에 소비되지 않는다.

우리는 자기 자신의 주인이 되어야 한다. 퍼스널브랜딩은 나 자신을 기업이자 브랜드로 인식하며 출발한다. 퍼스널브랜딩을 통하여 우리 모두 '나'라는 브랜드의 대표이자 CEO가 되어야 한다.

플랫폼씽킹은 '나'라는 캐릭터의 능력이 100% 활용될 수 있도록 우리의 퍼스널브랜딩을 돕는다. 나 자신이 어떤 브랜드인지를 명확히 하기 위해서 어떤 플랫폼인지부터 파악하는 것이다.

당신이 만약 학교 선생님이나 내과 의사와 같이 한마디로 분명하게 자신의 정체성을 드러낼 수 있는 사람이라면 '제품 플랫폼'을 채택하는 것이 맞다. 그 플랫폼 위에서 더욱 명확하게 자기 자신의 능력을 남에게 효율적으로 제공해 주는 방법을 찾으면 된다.

만약 당신이 개인보다는 팀 단위의 활동을 선호하고 다양성을 추구하는 동시에 개인 및 팀의 정체성을 두루 관리할 수 있는 능력이 있다면 '공간 플랫폼'을 채택하는 편이 낫다. 마찬가지로 팀이 아닌 개인적 측면에서도 다양성을 추구하되 뚜렷한 본인의 철학을 지니고 있다면 역시 '공간 플랫폼'을 선택하는 것이 좋다.

인맥이 넓고 여러 사람들에게 각광받으며 큰 스케일의 활동을 추구하는 편이라면 '도시 플랫폼'이 적절하다고 할 수 있다.

자신의 능력을 100% 활용하길 원한다면, 자신이 어떤 플랫폼의 사람인지를 먼저 분석하고 그 토대 위에서 노력을 더해가면 된다. 그 방법에 대해 차근차근 알아보자.

퍼스널브랜딩을 통하여
우리 모두

'나'라는 브랜드의 대표이자
CEO가 되어야 한다

성과 향상을 위한
플랫폼 디자인하기

PLATFORM THINKING

우리가
어떤 민족
입니까

Platform

출처/언스플래쉬

일의 플랫폼 정의하기

배달 앱 '배달의 민족'을 운영하는 우아한 형제들은 자신들이
영업하는 '배달'이라는 분야에 대해 다음과 같이 정의했다.
　'사랑하는 사람들과 나누는 행복한 시간'
　행복한 시간이라는 명확한 정의와 20대라는 명확한 타깃을
정하고 배달의 민족은 해당 분야에서 전력 질주할 수 있었다.

그렇다면 배달의 민족은 제품형, 공간형, 도시형 중 어떤 플랫폼일까?

만약 소비자들의 인식이 '배달 음식 = 배달의 민족'으로 디자인되어 있다면 배달의 민족은 제품형 플랫폼이다.

만약 치킨을 먹고 싶어 하는 소비자가 '배달의 민족 = 앱에 입점해 있는 우리 동네 치킨 업체 중 하나를 고르는 앱'이라 인식하고 있다면 배달의 민족 앱은 공간형 플랫폼이다.

혹시라도 치킨을 시키려고 하는 소비자가 '배달의 민족 = 치킨도 시킬 수 있고 피자를 비롯한 다른 음식도 시킬 수 있으며 우리 동네뿐만 아니라 다른 동네 사람들이 그 동네의 배달 업체를 볼 수 있는 앱'이라는 광범위한 인식과 함께 배달의 민족 앱을 켠다면, 배달의 민족은 도시형 플랫폼이 된다.

이처럼 내가 하는 일에 대해서 플랫폼을 디자인하면 사업의 규모와 소비자의 인식 등을 예측하고 정의 내릴 수 있다.

우아한 형제들은 '모든 일의 시작은 정의를 내리는 것으로 부터'라고 말하며 브랜드에는 일관성과 확장성이 필요하다고 역설한다.

당신이 하려는 일 또는 지금 하고 있는 일은 무엇인가?

그리고 그 일은 당신에게 어떤 플랫폼으로 정의 내려져 있는가?

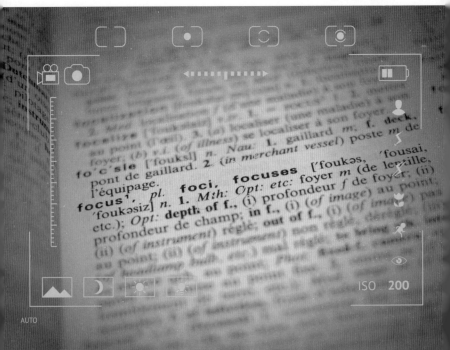

신사업을 시작하기 전에 보통 목표 타깃과 상품의 콘셉트를 정한다. 하지만 그렇게 정한 타깃과 콘셉트에 의해 그 사업의 플랫폼이 어떠한 형태로 소비자들에게 인식될지를 미리 예측하고 디자인해 볼 필요가 있다.

그래야만 소비자들이 인식하는 내 사업의 플랫폼을 결정 내릴 수 있고, 그 플랫폼에 의해 사업의 규모를 결정할 수 있기 때문이다.

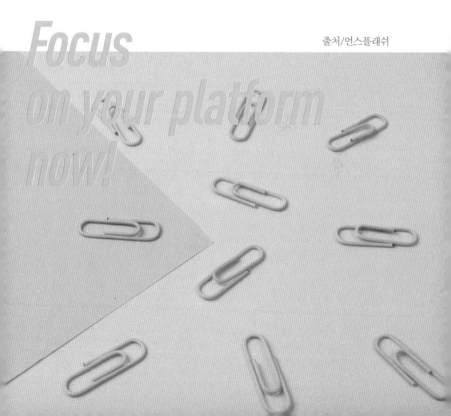

나의 플랫폼 정의하기

애플 창립자인 스티브잡스는 다소 오만한 경향이 있는 독불장군 스타일의 경영자였다. 하지만 그가 애플에서 해고당한 뒤 오랜 시간이 지나 다시 애플에 복귀했을 때는 모습이 완전히 달라져 있었다.

그는 자신을 CEO가 아닌 CLOChief Listening Officer — 최고경청자라고 칭하며 다른 사람의 말을 경청하고 팀워크를 우선시하기 시작했다.

출처/언스플래쉬

Chief
Listening Officer
a.k.a CLO

Designed by Apple in California

스티브잡스는 까칠한 성격을 가진 제품형 플랫폼에서 평온한 도시형 플랫폼으로 자신의 플랫폼에 대한 정의를 다르게 내린 것이다. 스티브잡스의 도시형 플랫폼 덕분에 직원들은 그 도시 안에서 원만히 교류하며 원활한 커뮤니케이션을 할 수 있었고, 애플은 세계 최고의 브랜드 가치를 지닌 기업으로 성장할 수 있었다.

그렇다면 당신은 어떤 플랫폼을 가진 사람인가? 지금 바로 분석해 보자.

당신이 지금 기업을 운영하는 사장님이라고 가정한 뒤 상상해 보자. 당신이 달라지기 전의 스티브잡스처럼 자신의 고집과 신념대로만 행동한다면 당신은 아마도 제품형 플랫폼일 가능성이 높다.

직원들이 대화를 걸어오려고 해도 선인장이나 고슴도치처럼 뾰족하게 날을 세우고 있기 때문에 직원들의 입장에서 당신은 선인장과 같이 터치하기 힘든 일종의 제품으로 인식되고 있을 가능성이 높기 때문이다.

출처/언스플래쉬

만약 당신이 마음의 문을 열고 직원들과 대화를 시도한다거나 업무 시간 동안만큼은 소통을 즐겨하는 CEO가 되었다면 당신은 공간형 플랫폼이 되었을 가능성이 높다. 직원들이 당신이라는 공간에 업무 시간 중에는 얼마든지 들어오고 또 나올 수 있는 구조가 형성되었기 때문이다.

당신이 만약에 달라진 모습을 보인 스티브잡스처럼 CLO가 되었다면 당신은 직원들의 심리적, 물리적 생활환경을 책임지는 도시형 플랫폼이 된 것이다. 도시형 플랫폼 안에서 직원들은 자유롭게 생활하며 생산성을 높일 것이고, 당신은 도시의 시장으로서 직원들의 삶을 위해 애쓰는 인물이 되는 것이다.

CEO인 사장으로 예를 들었지만, 직원으로서도 얼마든지 자신의 플랫폼을 알아볼 수 있다. 당신이 제품형 플랫폼이라면 어떤 성격의 제품이며, 어떤 기능을 하고 있는 제품인지를 스스로 분석해 보자.

공간형 플랫폼이라면 어떤 콘셉트의 공간을 구성하여 방문자를 유도하고 있는지를 분석하고, 도시형 플랫폼이라면 어떤 스케일로 당신만의 도시를 가꾸고 있는지를 점검하면 된다.

내가 일을 처리하는 플랫폼 정의하기

CEO로서 또는 직원으로서 나는 어떤 플랫폼으로 업무를 처리하고 있는지 한번 점검해 보자.

만약 당신이 온순하거나 까칠하거나 하는 등 이름을 언급했을 때 바로 떠오르는 선명한 이미지가 있다면 당신은 그 이미지를 기능하는 제품형 플랫폼일 가능성이 높다. 하지만 당신의 그 뚜렷한 캐릭터와는 대비되게 일 처리는 어영부영한다면, 당신의 주변은 혼란스러워지고 사람들은 당신과 일을 더 이상 하지 않을 것이다.

스스로의 성향적 플랫폼을 알아봤다면, 이제는 일 처리의 플랫폼을 분석해 볼 차례다.

당신은 업무를 처리할 때 누군가 시키는 일에 대해 정해진 분량만큼만 해결하는 걸 선호하는 편인가, 아니면 스스로 일을 찾아서 본인이 원하는 수준만큼 해결하는 걸 더욱 선호하는 편인가.

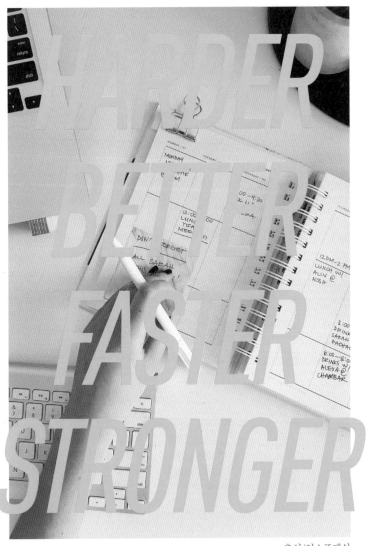

출처/언스플래쉬

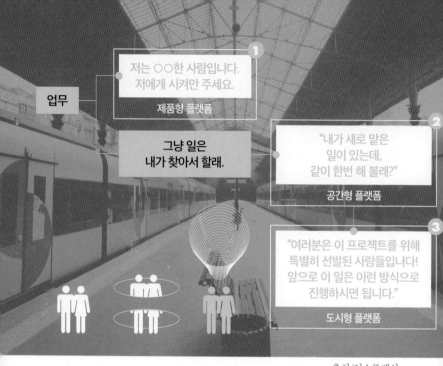

저는 ○○한 사람입니다.
저에게 시켜만 주세요.

제품형 플랫폼

그냥 일은
내가 찾아서 할래.

"내가 새로 맡은
일이 있는데,
같이 한번 해 볼래?"

공간형 플랫폼

"여러분은 이 프로젝트를 위해
특별히 선발된 사람들입니다!
앞으로 이 일은 이런 방식으로
진행하시면 됩니다."

도시형 플랫폼

업무

출처/언스플래쉬

전자라면 아마도 당신은 제품형 플랫폼일 가능성이 높다. 그래야 다른 사람이 당신에게 일을 맡길 때 당신이라는 제품의 기능을 믿고 일을 줄 것이기 때문이다.

후자라면 당신은 공간형이나 도시형 플랫폼일 가능성이 높다. 누군가에게 간섭받지 않고 스스로 일을 찾아서 만들어 내는 작가주의적 관점의 업무 처리 방식은 그 업무의 플랫폼에 다른 사람을 초청협업할 수도 있고 또는 일을 누군가에게 전달

플랫폼씽킹

^{하청}할 수도 있다. 이 경우는 공간형 플랫폼의 업무 성향이라 할 수 있다.

또는 그 플랫폼 위에 생태계를 조성하고 해당 업무에 참여한 사람들이 서로 소통하며 협력할 수 있는 틀을 제공할 수 있다면 그건 도시형 플랫폼이라 할 수 있다.

지금 바로 당신은 어떤 플랫폼의 사람인지, 또 일을 맡을 때 어떤 플랫폼으로 업무를 처리하는지 스스로 분석해 보자.

그렇다면 당신은 어떤

플랫폼을 가진 사람인가?

나의 플랫폼 디자인하기

우리가 어떤 플랫폼으로 구조화되어 있는지를 어느 정도 파악했다면 이제는 그 플랫폼을 우리 안에 잘 내재화시킬 수 있도록 디자인하는 과정이 필요할 것이다.

제품형 플랫폼 디자인

여러 가지 요소를 분석해 본 결과 세 가지 플랫폼 중 당신이 제품형 플랫폼에 더 가깝다고 여겨진다면, 이제는 그 제품을 어떻게 디자인하는 게 좋을지 알아보자.

먼저 당신의 성향이 어떤지를 분석한 뒤에 그에 맞도록 세련된 모더니즘을 취할 것인지, 아니면 앤티크한 양식을 취할 것인지, 미니멀리즘 또는 빈티지 등등의 양식 중에서 가장 적절한 것을 선택한다.

그다음 당신이라는 이름의 제품을 만들어 내는 스스로의 철학적 비중이 어디를 향하고 있는지를 점검해 봐야 한다.

애플사를 예로 들면, 애플은 기술적 측면보다는 고객이 경험하는 감성적 측면에 비중을 더욱 두는 편이다. 반면, 삼성은 감성에 치중하기보다는 기술적 선도를 더욱 앞세우는 경향이 있다.

출처/언스플래쉬

나이키는 '개인의 성취'라는 분명한 철학을 가지고 제품

출처/언스플래쉬

을 생산한다. 그 덕분에 'Just Do It'이라는 슬로건도 탄생했고, TV나 매체에 나오는 나이키의 광고 내용은 모두 개인이 성취감을 느끼는 동기부여에 초점이 맞춰져 있다.

자동차 회사인 볼보는 자동차는 무조건 안전해야 한다는 분명한 철학을 가지고 있다. 자동차에 탑재된 안전벨트를 최초로 개발한 회사도 볼보이며, 현재도 세계에서 가장 안전한 자동차를 만드는 데 힘쓰고 있다.

이처럼 당신이 제품형 플랫폼에 더 가깝다면 어떤 기능을 하는 제품인지를 디자인하기 위해 자신이 어떤 성향의 기업인지, 어떤 철학을 지니고 있는 기업인지 먼저 파악하라.

당신은 당신의 이미지라는 제품을 만들어 내는 기업이다. 철학이 없는 기업은 기둥 없는 성처럼 금방 무너져 내릴 것이다.

그다음으로 '나'라는 제품을 선호하게 될 주 타깃층을 분석한다. 내 플랫폼을 주로 선호하게 될 타깃이 수도권에 거주하는 20대 남성인지, 아니면 부산광역시에 거주하는 30대 여성인지를 예상하여 적으면 된다.

ex 내 제품 플랫폼 주요 고객층 : 수도권에 거주하는 20대 남성

출처/언스플래쉬

그리고 완성된 제품의 경쟁상대를 예상하고 분석하여 적어본다.

경쟁 제품 플랫폼 ex : 내 친구 A군
선배 B씨
유튜버 C양
인플루언서 D양

출처/언스플래쉬

그럼 이 내용들로 나만의 제품형 플랫폼 모델을 구성해보자.

나의 제품형 플랫폼 모델

• 디자인 양식:

> ex 모던, 미니멀, 빈티지, 앤티크…

• 디자인 철학:

> ex 기술 우선, 감성 중시, 안전제일…

• 주요 타깃층:

> ex 수도권에 거주하는 20대 남성,
> 부산광역시에 거주하는 30대 여성…

• 경쟁 제품 플랫폼:

> ex 내 친구 A군, 선배 B씨, 유튜버 C양, 인플루언서 D양…

출처/언스플래쉬

플랫폼씽킹

당신이 만약 공간형 플랫폼에 더 가깝다고 분석된다면, 이 번에는 공간형 모델 디자인에 대해 알아보자.

당신의 공간은 어떤 형태의 공간인가? 자신이 추구하는 바에 따라 공간의 형태가 보편성을 추구하는 공간인지, 다양성

출처/언스플래쉬

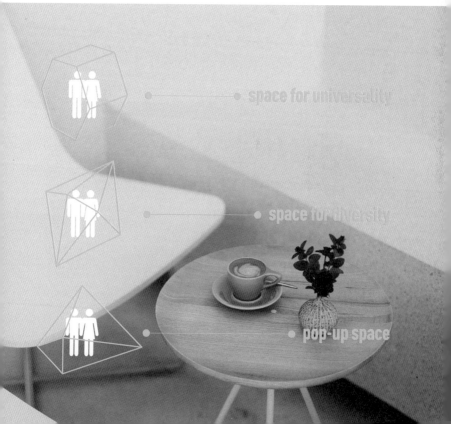

을 중시하는지 아니면 팝업 형태의 공간인지를 분석하라.

그다음으로 제품형의 경우와 마찬가지로 디자인의 양식과 철학, 주 타깃층 그리고 경쟁상대를 정리해 나가면 된다.

나의 공간형 플랫폼 모델

· 디자인 형태:

　

(ex) 보편성 추구 공간, 다양성 추구 공간, 팝업 매장…

· 디자인 양식:

　

(ex) 모던, 미니멀, 빈티지, 앤티크…

· 디자인 철학:

　

(ex) 기술 우선, 감성 중시, 안전제일…

· 주요 타깃층:

　

(ex) 수도권에 거주하는 20대 남성,
　　 부산광역시에 거주하는 30대 여성…

· 경쟁 제품 플랫폼:

　

(ex) 내 친구 A군, 선배 B씨, 유튜버 C양, 인플루언서 D양…

출처/언스플래쉬

도시형 플랫폼 디자인

도시형 플랫폼의 경우는 여러 가지를 체크해야 하는데, 도시에는 우선 일자리가 있어야 하고 주거와 교통망 등 생활 여건의 편의성이 확보되어 있어야 한다.

먼저 도시를 외부에 알릴 수 있는 콘셉트를 명확히 할 필요가 있다. 우리나라의 경우 경주와 안동 같은 도시는 전통문화를 중시하는 경향을 보이고, 부산이나 제주는 관광 산업에 많은 투자를 하고 있다. 서울이나 판교 같은 도시는 새로운 테크놀로지의 생산력이 강하며, 구미나 울산은 산업 기반적 측면에서 우위를 점하고 있다.

이처럼 내가 도시형 플랫폼인 경우 어떤 콘셉트로 도시를 구성할지 먼저 큰 그림을 그리고, 정해진 내용으로 기반을 닦아야 한다. 그러면 도시의 정체성이 확립될 것이고, 사람들이 관심을 보일 것이다.

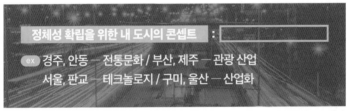

정체성 확립을 위한 내 도시의 콘셉트 :

ex 경주, 안동 — 전통문화 / 부산, 제주 — 관광 산업
서울, 판교 — 테크놀로지 / 구미, 울산 — 산업화

출처/언스플래쉬

그다음으로 내 도시에 들어오게 될 타깃층을 정한다. 판교 신도시처럼 30대 IT계열 전문 종사자를 타깃으로 할지, 아니면 30대 초반 신혼부부를 타깃으로 할지 정하고 정리해 본다.

내 도시의 타깃층 :

ex 30대 IT 계열 전문 종사자, 30대 초반 신혼부부

출처/언스플래쉬

다음으로는 목표 타깃층이 지닌 문제를 정의한다.

목표 타깃층이 지닌 문제 : ex 일자리, 내 집 마련, 교육…

그다음으로 문제를 해결해 줄 수 있는 솔루션을 제시한다.

솔루션 : ex 일자리 제공, 주택 공급, 교육시설 확충…

다음으로는 교통망에 대해 분석한다. 교통망은 도시와 도시 간의 원활한 교류를 통해 도움을 주고받을 수 있는 기틀에 대한 확립 문제다. 대부분 양질의 인맥이 넓을수록 교통망이 우수하다고 할 수 있다. 인맥이 좋은 사람과 함께 도시를 구성하는 것도 좋은 방법이 될 수 있다.

교통망 : ex 대표자의 좋은 인맥

플랫폼씽킹

지금까지 분석한 내용을 종합하여 나의 도시형 플랫폼 모델을 표에 정리해 보자.

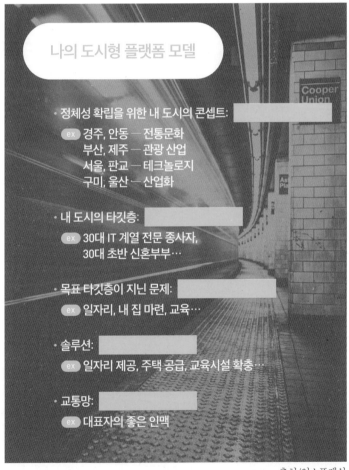

나의 도시형 플랫폼 모델

- 정체성 확립을 위한 내 도시의 콘셉트:

  ex 경주, 안동 ─ 전통문화
  부산, 제주 ─ 관광 산업
  서울, 판교 ─ 테크놀로지
  구미, 울산 ─ 산업화

- 내 도시의 타깃층:

  ex 30대 IT 계열 전문 종사자,
  30대 초반 신혼부부…

- 목표 타깃층이 지닌 문제:

  ex 일자리, 내 집 마련, 교육…

- 솔루션:

  ex 일자리 제공, 주택 공급, 교육시설 확충…

- 교통망:

  ex 대표자의 좋은 인맥

출처/언스플래쉬

제품형 플랫폼으로
성과 높이기

PLATFORM THINKING

제품에 대해 알아보기

기업에서는 흔히 신제품을 개발해야 한다거나 새로운 먹거리를 찾아야 한다고 말한다. 또는 새로운 사업을 찾으라는 식의 표현을 사용하곤 한다. 여기서 말하는 신제품이나 신사업은 모두 제품의 관점에서 언급된 것이며, 제품에는 모두 기대할 만한 어떤 기능들이 내포되어 있다.

플랫폼씽킹

신제품의 출시 성공은 매출을 증가시켜 회사에 이익을 가져다줄 것이며, 추진하게 될 신사업은 미래 시대의 먹거리를 창출하는 동력이 되어 회사의 장래를 끌고 갈 것이다. 이처럼 기대할 수 있는 어떤 뚜렷한 능력이 있는 요소는 제품의 관점에서 해석될 수 있다.

보통 새로운 제품의 개발은 그 제품을 사용하게 될 사용자, 즉 소비자의 갈급을 충족시켜 주는 기획으로 시작하며 진행된다. 공급 중심이 아닌 수요 중심에서 사고하며, 소비자가 얻게 될 가치에 집중하여 미학적인 전략을 취해야 한다.

출처/언스플래쉬

소비자는 성능의 우수함보다 자신의 감각을 자극하는 스토리에 의해 제품을 구매하고 사용한다.

우리는 레고라는 장난감이 다른 블록 장난감과 비교했을 때 제품의 재질이나 마감 등의 스펙이 월등히 우수하기 때문에 선택하고 구매하는 것이 아니다. 레고가 가진 스토리가 소비자에게 강력히 어필하는 바가 있기 때문에 거기에 끌리는 것뿐이다.

우리가 보스BOSE 스피커나 애플 제품을 사용하는 이유도 그

출처/언스플래쉬

플랫폼씽킹

제품이 다른 제품에 비해 음질이 월등히 우수하다거나 성능이 훨씬 뛰어나기 때문이 아니다. 이 회사들은 다른 회사와 비교해 제품의 성능을 더욱 뛰어나게 만드는 것이 아닌, 소비자의 감각을 자극하는 스토리를 잘 만들어내는 능력이 있다.

출처/언스플래쉬

즉, 제품은 그 성능을 월등히 우수하게 만드는 것보다 소비자가 원하는 것이 무엇인지 깨닫고 소비자들이 갖고 싶어 하는 대로 만드는 게 더 낫다는 말이다.

현대카드는 예전 우리나라의 다른 카드사들이 별로 신경 쓰지 않을 만큼 카드업계의 후발 주자였다. 하지만 지금은 거대한 규모의 카드회사로 성장했는데, 디자인을 우선시하는 디자인 경영이 한몫했다고 할 수 있다.

카드의 혜택을 최대한 늘려서 '혜택'이 곧 카드의 본질이 되도록 기획하지 않고, 혜택은 최소한으로 줄였다. 그런 다음 미학적 측면에서 실물 카드의 제품 디자인을 강화시켜 소비자가 '제품'인 카드 그 자체를 갖고 싶어 하도록 만드는 전략을 취했다.

카드의 혜택을 늘려야만 소비자의 선택을 받을 수 있다고 굳게 믿었던 기존 카드업계의 관념에 새로운 방식의 제품형 플랫폼 관점을 만들어 낸 것이다.

출처/언스플래쉬

애플의 아이폰도 마찬가지다. 아이폰이 삼성의 갤럭시와 비교했을 때 반도체 성능이 월등히 더 우수하기 때문에 소비자들이 아이폰을 선택하는 게 아니다. 애플은 자신이 만든 아이폰을 성능 경쟁의 시장이 아닌 '갖고 싶은 제품'으로 기획하고 만들었기 때문에 소비자들이 아이폰을 갖고 싶어 하고 구매하는 것이다.

이처럼 모든 제품은 저마다 기능을 보유하고 있고, 결국은 소비자의 선택을 받아야만 그 기능을 발휘한다. 예를 들어, 당신이 의사라는 직업을 가진 제품형 플랫폼이라면 반드시 누군가 당신의 병원을 선택하고 찾아가야만 의사로서 기능을 발휘할 수 있다.

의사로서 어떤 수술력이 있고, 어떤 논문을 썼는지는 환자들의 관심사가 아닐 수 있다. 그저 환자의 입장에서 알아듣기 쉽고 친절하게 진단을 하고 처방을 내려 준다면 환자들은 그 병원을 계속 선택하지 않을까?

모든 제품은 저마다
기능을 보유하고 있고,

결국은
소비자의 선택을 받아야만
그 기능을 발휘한다

복합형 제품 플랫폼

잠시 주변을 둘러보면 셀 수 없을 정도로 수많은 제품들이 내가 속한 공간 안에 놓여 있다. 화장실에서 가장 쉽게 접할 수 있는 칫솔과 치약이라는 제품을 한번 생각해 보자. 칫솔도 제품이고, 치약도 제품이다.

하지만 칫솔 제조사들은 TV 광고에서 칫솔모에 대한 포커

싱 광고를 펼치며 칫솔모가 나 있는 공간의 우수성을 강력하게 어필한다. 칫솔은 이를 닦을 때 사용하는 그저 단순한 제품이라고만 생각했는데, 제조사의 입장을 받아들여 보면 칫솔은 엄청난 테크놀로지를 실현할 수 있는 공간이 포함되어 있는 셈이다.

치약 또한 마찬가지다. 치약은 단순히 한쪽 손에 칫솔을 쥐고 있을 때 다른 한 손으로 치약을 짜서 이를 닦는 양치 프로세스의 중간 역할을 하는 제품으로 생각했지만, 치약 내부에

출처/언스플래쉬

는 치약이 들어 있는 튜브형 공간이 있고 추출되는 입구 공간의 모양새에 따라 캡의 디자인이 결정된다.

단순한 제품인 줄로만 알았던 칫솔과 치약은 일종의 공간이었으며, 공간을 포함하고 있는 제품이기도 했던 것이다.

스마트폰 또한 마찬가지다. 우리는 제품의 디자인이 마음에 들어서 스마트폰을 구매하지만 스마트폰 내부에는 데이터를 저장할 만한 물리적인 저장 공간이 탑재되어 있다. 그리고

출처/언스플래쉬

플랫폼씽킹

스마트폰을 이용해 트위터, 인스타그램 등 SNS를 통해 지인들과 소통하는 행위는 도시 내에서 우리가 관계 맺고 지내는 생태계를 온라인에 그대로 옮겨 놓은 것뿐이다.

결국 스마트폰이라는 제품은 공간도 포함하며 도시도 포함하고 있는 복합형 제품 플랫폼이라고 말할 수 있다.

자동차를 생각해 보자. 우리가 일반적으로 생각하는 자동차는 속도를 높여 목적지까지 도달하게 해 주는 능력을 가진 제품이나. 스포츠카의 경우 빠른 속력을 낼 수 있어서 더 빠르

게 움직이는 제품으로 평가받기도 한다.

하지만 이런 자동차라는 제품 안에 사람이 머물고 있는 공간이 있는데, 스포츠카의 경우는 좁아서 잘 움직일 수 없는 반면, SUV나 승합차의 경우는 내부에서 사람이 움직이고 편하게 활동할 수 있는 충분한 공간이 제공된다.

10톤 트럭의 경우 사람이 타고 있는 공간과는 별도로 짐을 실을 수 있는 매우 큰 공간이 자동차라는 제품 내에 설계되어 있고, 어린아이들의 스쿨버스나 어르신들을 모시고 관광을 가는 관광버스와 같은 경우는 공간 내부에 도시에 준하는 관계성이 형성되어 있기도 하다.

이처럼 자동차라는 제품 또한 제품으로만 볼 것이 아니라 공간과 도시가 포함된 복합형 제품 플랫폼으로 이해가 가능하다.

다음으로 비행기를 한번 떠올려 보자. 비행기는 걸어서 가기 힘든 아주 먼 거리를 빠르게 이동시켜 주는 기능을 가진 제품인데, 비행기 안에도 공간형과 도시형 플랫폼이 있다.

비행기에서는 여러 명이 같은 공간 안에서 쉬고 대화를 나누며 잠을 자기도 하고 음식을 먹기도 한다. 이코노미와 비즈니스 그리고 1등석으로 공간이 나뉘어져 있으며 공간별로 제공받는 서비스에는 차이가 있다. 비행기 내부에서는 각 나라의 법이 아닌 항공법이 적용되는 등 일종의 도시 구조가 형성되는 모습을 보인다.

노트북의 경우도 마찬가지다. 노트북이라는 제품을 켜면 데이터 저장소라는 물리적인 공간 안에서 작업을 할 수 있다.

비대면 업무가 일반화되고 있는 지금 시대는 노트북만 펴 놓으면 어디서든 회사 동료 및 거래처 사람들과 소통하며 관계된 도시망을 펼칠 수 있다. 노트북이라는 작은 제품 안에 공간형 플랫폼과 도시형 플랫폼이 모두 공존하는 것이다.

이처럼 플랫폼에 대한 생각을 유연하게 가지고 고정된 시각을 넘어선 새로운 관점으로 제품을 탐구하면 여러 측면의 연구가 가능하다.

나의 제품형 플랫폼에 경쟁력 탑재하기

보통 사람들은 대부분 자신이 제품형 플랫폼의 사람이라고 생각하며 지낸다. 이 때문에 학생 시절부터 한 가지의 전공을 택하거나 한 분야의 기술을 배우면서 그 영역의 전문가가 되기 위해 많은 노력을 한다.

하지만 '나는 잘하는 게 하나도 없다'라고 생각하는 사람이

출처/언스플래쉬

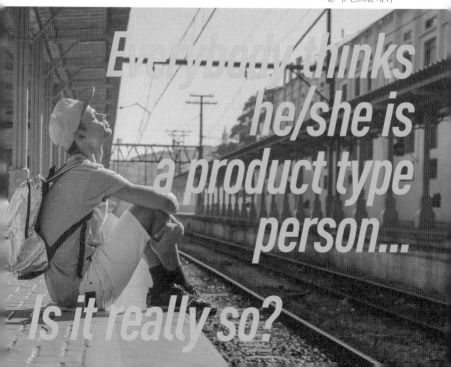

있고, '고작 이거 하나 잘하는 것 가지고 내가 어디 가서 뭘 잘한다고 말하며 다닐 수나 있을까⋯⋯'라고 생각하는 사람도 있다.

이런 사람의 경우 제품형 플랫폼으로서의 가치와 자부심을 갖지 못했기 때문일 수 있는데, 우리가 공간형으로 확장되고 도시형으로 넓혀지기를 원한다면 우선 하나의 제품이 되어야 한다. 그 제품이 되는 방법을 함께 알아보자.

이 세상에 존재하는 모든 제품은 모두 저마다의 기능을 가지고 있다. 종이나 물건을 자르는 가위, 포인터를 움직이는 마우스, 소리를 증폭시켜 주는 스피커 등등 기능을 갖지 않은 제품은 거의 없다고 봐도 무방하다.

하지만 작가주의적인 예술작품이나 조형물의 경우는 실용적인 기능을 갖추지 않은 것이 대부분이기에 아무런 의미가 없는 것이라 생각할 수도 있다. 그래도 그런 작품들은 매우 비싼 가격에 거래되고 있으니 가치가 전혀 없는 물체로 정의 내릴 수는 없을 것이다.

everybody has meaning

everything has meaning

작가의 예술작품도 기능을 가지고 있다. 가위나 칼처럼 실용적인 기능은 없을지 몰라도 저마다의 의미를 보유하고 있기 때문인데, 그 의미는 작가에 의해 작품에 심어지고 작품은 작가로부터 부여받은 의미를 표현하는 하나의 제품이 된다.

그러므로 실용적인 기능을 갖추지 않은 제품은 있을지 몰라도 세상에 의미 없는 제품은 하나도 없다는 말이 된다.

자신의 의미를 찾아보자. 실용적인 기술을 보유하고 있건 아니면 당신의 머리라는 작가가 당신 존재에 심어 놓은 어떤 가치가 몸에 내재되어 있을 것이다. 당신이라는 존재는 그 어떤 내용의 의미라도 분명히 포함하고 있을 것이다.

의미를 찾았으면 그다음으로 자신의 감각을 찾아내어 결합시킨다. 감각을 찾는 방법은 오감을 활용해 자신에 대한 정의를 문장으로 적어 보는 것이다. 다음의 예시를 보며 나의 감각을 정의 내리고 실제로 적어 보자.

출처/언스플래쉬

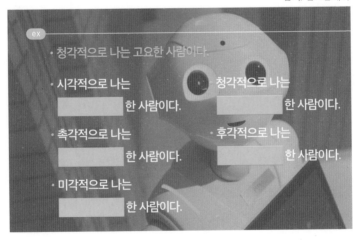

플랫폼씽킹

Imagine that you're a boat on the water

예를 들어 '나'라는 사람의 의미가 '물'에 가깝다면 '물 위에 떠 있는 배'로 정의 내린 뒤 나를 표현하는 감각과 결합시킨다. 이 예시에서는 배의 작은 단위인 오리배로 정의 내린다.

플랫폼 불변형 발전

플랫폼 불변형 발전은 플랫폼이 변하지 않은 상태에서 경쟁력을 탑재하며 발전을 이루는 방식이다. '고정 플랫폼'이라고도 말할 수 있다.

오리배로서 플랫폼을 고정하고 경쟁력을 탑재하려면 세계 최고의 오리배가 되는 목표를 세워 볼 수 있다. 그럼 그 방법을 찾아보자.

시각적 측면에서 오리배의 조형물인 오리의 디자인을 변경하는 방법을 생각해 볼 수 있다. 어디서도 보지 못한 오리배의 디자인을 완성하면 사람들의 관심이 높아질 것이며, 천편일률적으로 모두 똑같은 줄로만 알았던 오리배라는 카테고리의 다른 면을 보게 될 것이다.

그럼 디자인적인 측면에서는 세계 최고의 오리배가 될 수도 있고, 이로써 당신이라는 배는 충분한 경쟁력을 얻게 된다.

기능적 측면에서 생각해 보면 오리배 내부에 빠른 추진력을 자랑하는 고급 모터를 탑재할 수도 있고, 내부 인테리어에 와인병 냉장고를 탑재시켜서 고급화 전략을 취할 수도 있다. 이런 방식으로 플랫폼은 고정해 둔 채 요소의 경쟁력을 강화시키는 방법으로 플랫폼의 발전이 가능하다.

플랫폼 가변형 발전은 플랫폼을 변형시키면서 경쟁력을 더해가는 발전 방식이다. '확장 플랫폼'이라고도 표현할 수 있다.

오리배라는 단순한 기능의 제품형 플랫폼을 넘어서 요트로 업그레이드하는 방법을 생각해 보자. 요트는 오리배와 비교해 공간적 여유가 확보되고 플랫폼 제어에 대한 조작의 여유 또한 생겨난다.

즉 공간의 감성이 생겨나는 셈인데, 이와 같은 결과는 '오리배'라는 제품형 플랫폼이 '요트'라는 공간형 플랫폼으로 확장되었기 때문이라고 말할 수 있다.

요트라는 플랫폼은 다시 대형 크루즈로 업그레이드를 꾀할 수도 있다. 요트는 공간형 플랫폼이었지만 대형 크루즈는 도시형 플랫폼이라 할 수 있다. 마치 도시에서 생활하듯이 그 안에서 여러 편의시설을 누리며 여러 날들을 보내기 때문이다.

이처럼 플랫폼 가변형 발전은 정해진 플랫폼을 계속 변형시키고 확장하면서 경쟁적 요소를 더해가는 발전 방식이다.

공간형 플랫폼으로 유입률 높이기

PLATFORM THINKING

1 concept

2 interior

3 service

출처/언스플래쉬

플랫폼씽킹

공간에 대해 알아보기

공간에서 중요한 점을 세 가지 정도 들어 보자면 공간의 콘셉트, 공간 인테리어, 공간 서비스 정도가 될 것이다.

만약 기존에 건축되어 있는 어떤 공간에 들어가기 위해 콘셉트를 정하게 된다면 인테리어만으로도 효과를 얻을 수 있을 것이다. 하지만 경우에 따라서는 공간의 콘셉트에 의해 건축물의 건축이 다시 이루어져야 하는 경우도 발생할 수 있다.

공간은 플랫폼의 형식에 따라 제품을 위한 공간이 있고, 제품에 의한 공간이 있다.

'제품을 위한 공간'은 신제품 발표 현장이나 새로 나온 자동차를 전시해 둔 전시회장 같은 곳이다. '제품에 의한 공간'은 어떤 작가가 개인전을 개최했을 때 그 작품이 전시되어 있는 화랑과 같은 공간을 예로 들 수 있다.

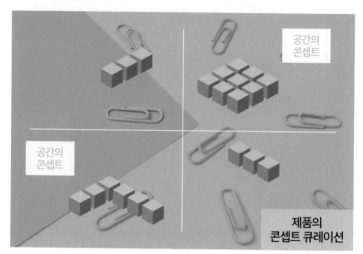

출처/언스플래쉬

이처럼 공간은 제품과는 떨어져서 생각하기 힘들 정도로 가까운 거리에 있다. 공간의 인테리어를 위해 준비하는 디자인 소품 역시 제품이다. 이처럼 어떤 특정한 기능을 하는 제품의 콘셉트를 잘 파악하고 공간의 특성에 맞게 큐레이션curation하는 능력이 공간 구성의 가장 중요한 점이라 말할 수 있다.

출처/언스플래쉬

복합형 공간 플랫폼

제품형 플랫폼의 관점에서는 제품을 위한 공간과 제품에 의한 공간으로 콘셉트를 구분해 볼 수 있었다. 하지만 공간형 플랫폼의 관점에서 제품은 '공간을 위한 제품'과 '공간에 의한 제품'을 구분해서 생각해 볼 수 있다.

출처/언스플래쉬

플랫폼씽킹

공간의 콘셉트에 맞게 제품을 큐레이션하고 공간의 특성을 위해 제품을 사용하면서 활용하는 모습은 공간형 플랫폼에서 이루어진다.

스타벅스의 오프라인 매장은 스타벅스의 경영철학에 의해 인테리어가 구성되어 있고, 공간의 콘셉트는 그 철학을 반영하고 있다. 따라서 스타벅스 매장 내에 있는 집기류를 비롯한 모든 제품들은 스타벅스 매장 공간을 위해서 존재하며, 공간형 플랫폼의 관점에서 해석될 수 있다.

하지만 우리는 스타벅스 매장이라는 공간을 제품처럼 인식하기도 한다. 낯선 장소에 가서 커피 한잔하고 싶으면 친구에게 이렇게 말한다. "야, 여기 근처에 스타벅스 있냐?"

스타벅스는 분명 공간이고 그 공간에서 제조되는 음료가 제품인데, 우리는 이를 인식할 때 동일시하는 경향이 있는 것이다. 그만큼 스타벅스는 경영철학을 매장마다 잘 반영하고 있으며, 그렇게 공간으로서 기능하고 있다. 따라서 제품처럼 기능하는 공간의 인식이 완성될 수 있는 것이다.

나의 공간형 플랫폼에 경쟁력 탑재하기

기능을 드러내는 제품형 플랫폼과는 조금 다르게 공간형 플랫폼은 공간에 대한 유입률을 높이는 게 주된 목표다.

그를 위해서는 먼저 공간의 철학을 분명히 정하고, 공간 내에 속해 있는 모든 요소 제품들이 공간을 위해 존재하는 의미로 양식을 정해야 한다. 사람으로 예를 들면, '나'라는 공간 안에 속해 있는 모든 특장점과 잘하는 것 등 모든 요소들이 내철학의 지배를 받고 있다고 확실히 정의 내리는 것이다.

출처/언스플래쉬

Q 여러분은 어떤 제품들인가요?

스타벅스 매장이 아니면 저희는 의미 없어요!

전 스타벅스 매장을 위해 존재해요.

저도요!

플랫폼씽킹

'나'라는 공간의 경영 철학이 무엇인지 생각해 보자. 내가 제품이 아닌 공간이라면, 내 안에 있는 요소들을 보기 좋게 정리해 손님이 찾아와 머물 수 있도록 해야 할 것이다. 이를 위해 내 요소들을 어떤 방식으로, 어떻게 정리하고 표현할지에 대한 기초적인 매뉴얼 역할을 경영철학이 담당한다.

출처/언스플래쉬

스타벅스를 예로 들겠다. 스타벅스의 경영철학은 다름 아닌 '사람'이다. 사람 중심의 경영을 통해 고객이 만족하는 브랜드를 만들겠다는 것이다. 그 철학 덕분에 지금까지도 스타벅스에서는 커피를 주문할 때 진동벨을 제공하지 않는다. 직원이라는 사람이 손님이라는 사람에게 직접 육성으로 말을 전하는 것이다.

스타벅스 매장에서는 에스프레소 머신에서 에스프레소가 나올 때까지의 과정을 고객이 볼 수 있게 했고, 그 과정 중에 직원과 대화를 나눌 수도 있다. 이 덕분에 스타벅스 고객들은 본인이 기업 가치를 공유하고 있다고 생각하고, 스타벅스 브랜드의 충성 고객이 될 수 있는 것이다.

하워드 슐츠 전 스타벅스 CEO는 '커피를 파는 것이 아니라 공간과 문화, 경험을 판다'라고 말하며 인간 중심의 경영철학을 시사한 바 있다.

'나'라는 공간의 경영철학을 직접 적어 보자. 그리고 어떠한 상황이 와도 그 철학이 변치 않을 것을 다짐하라.

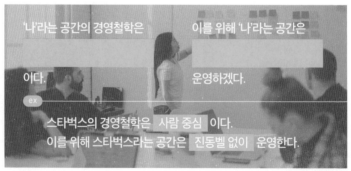

'나'라는 공간의 경영철학은   이를 위해 '나'라는 공간은

이다.   운영하겠다.

ex

스타벅스의 경영철학은 사람 중심 이다.
이를 위해 스타벅스라는 공간은 진동벨 없이 운영한다.

출처/언스플래쉬

그렇게 공간의 경영철학을 정리한 뒤 공간의 콘셉트를 정한다. 빈티지, 캐주얼, 모던 등등 선택할 수 있는 콘셉트는 많다. 하지만 나의 경영철학이 반드시 반영된 맥락의 콘셉트여야 한다.

스타벅스는 차분하고 모던한 인테리어로 매장의 디자인 정체성을 확립해 나가고 있고, 맥도날드는 캐주얼한 느낌의 메뉴들을 깔끔한 공간 정체성 속에 잘 융합하고 표현하여 자신만의 브랜드 아이덴티티를 확립해 나가고 있다.

출처/언스플래쉬

도시형 플랫폼으로
경쟁력 높이기

PLATFORM THINKING

도시에 대해 알아보기

도시가 일반적인 공간과 다른 점은, 자치 행정이 가능하다는 점과 자급자족이 이루어진다는 점 그리고 생산과 소비가 반복적으로 순환한다는 점 등이다.

도시는 주거지역, 상업지역, 공업지역 및 녹지가 서로 공존하며 하나의 하모니를 이루고 있다. 이는 오케스트라처럼 다른 파트분야가 서로 어우러지듯 연관되어 시너지 효과를 내는 하나의 그룹인 것이다.

오케스트라는 연주 중 현악기의 줄이 끊어지는 등의 위기상황 이슈를 위한 대처가 시스템화되어 있다.

출처/언스플래쉬

바이올린 연주 협연자는 제1 바이올린의 악장이 위치한 바로 앞자리에서 연주를 하는데, 만약 바이올린의 줄이 끊어질 경우 신속하게 악장과 자신의 악기를 바꾼다. 그럼 악장은 바로 뒤에 앉은 연주자와 악기를 바꾸고, 줄이 끊어진 악기는 제1 바이올린의 제일 뒷자리 연주자에게 전달된다.

그럼 그 연주자는 조용히 대기실로 이동하여 협연자 악기의 줄을 교체한 뒤 무대로 돌아온다. 이러한 시스템을 통해 오

케스트라는 위기에 대처하고, 불확실성에 대한 이슈로부터
조직을 보호한다.

오케스트라가 일종의 시스템을 갖추고 있는 것처럼 도시도
자치행정에 대한 법과 조례를 갖고 있다. 이러한 자치적 내용
들이 도시 내 여러 산업활동의 이슈와 균형 있게 어우러져 행
정의 근간을 마련하고 도시를 발전시킨다.

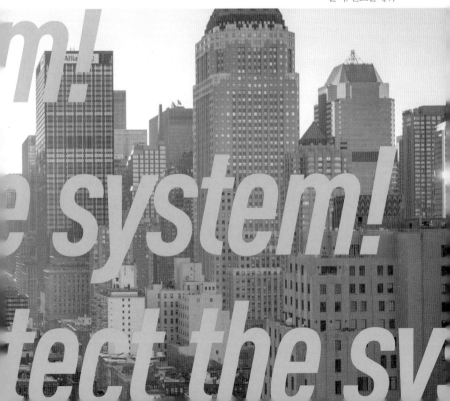

출처/언스플래쉬

플랫폼씽킹

복합형 도시 플랫폼

제품형 플랫폼의 관점에서는 '제품을 위한 공간'과 '제품에 의한 공간'으로, 공간형 플랫폼의 관점에서는 '공간을 위한 제품'과 '공간에 의한 제품'으로 그 성격을 분류해 볼 수 있었다. 마찬가지로 도시형 플랫폼의 관점 역시 '도시를 위한 공간'과 '도시에 의한 공간'으로 분류하여 생각해 볼 수 있다.

출처/언스플래쉬

도시를 위해 존재하는 공간은 도시를 계획할 때부터 계획되어 설계되는 경우가 많다. 하천, 공원, 녹지공간, 주거시설, 근린시설 등 도시라는 시스템 내에서 여러 공간적 요소들이 서로 유기적인 관련성을 맺으며 공존하고 있다.

도시 내에는 여러 공간이 있고, 그 공간 내에는 여러 제품들이 존재한다. 앞서 언급한 바와 같이 제품 내에도 공간의 개념이 존재하고, 공간이 제품처럼 인식되기도 한다.

그럼 도시의 경우는 어떨까? 우리가 뉴욕이나 밀라노를 떠올렸을 때 그려지는 이미지가 있을 것이다. 서울이나 부산, 제주도를 언급하면 바로 떠오르는 그 도시지역만의 특성과 이미지가 있을 것이다.

부산에 살지 않고 수도권에서 생활하는 경우 부산이 마치 바다와 관광이라는 기능을 지닌 제품처럼 인식되기도 한다. 이 때문에 '여행'이라는 키워드를 떠올리면 부산과 제주도 등 관광도시 중에서 한 곳을 선택하는 모습을 보인다.

도시의 관점에서 보면 도시 내의 여러 산업과 시설들이 각각 하나의 제품처럼 인식된다. 각각의 도시마다 지역적 특색이 있듯이 도시는 공간의 관점에서도 사유할 수 있으며, 도시라는 공간 내에 존재하는 작은 공간적 요소들이 마치 오케스트라처럼 하모니를 이루며 유기적인 형태로 공존하고 있다.

출처/언스플래쉬

나의 도시형 플랫폼에 경쟁력 탑재하기

제품형이나 공간형 플랫폼과는 조금 달리 도시형 플랫폼은 도시에 대한 정체성 확립과 브랜딩을 이뤄 내고, 단기적인 유입률보다는 장기적 관점에 포커스를 맞춰 지속적인 성장을 추구한다.

'나'라는 도시의 브랜드는 무엇일까? 부산이나 제주처럼 관광이 될 수도 있고, 밀라노처럼 디자인이 될 수도 있으며, 시애틀과 같이 커피가 제일 먼저 떠오를 수도 있다. 그럼 그 키워드를 내 정체성과 잘 융합시켜 새로운 키워드를 만들어 내고 그걸로 도시의 정체성을 확립하면 된다.

한 가지 특별한 재주만을 앞세워 제품형 플랫폼으로 오랜 시간 살아온 사람은 이처럼 도시계획을 세우는 데 많은 애로점이 있을 수 있다. 그럴 경우는 도시계획이 아닌 도시 재생의 관점으로 접근하면 된다.

도시계획이나 도시 재생을 시작하면 먼저 기반 시설에 대

도시형 플랫폼

미술광역시

미술

제품형 플랫폼

출처/언스플래쉬

한 계획이나 점검을 해야 하는데, 내가 주력으로 에너지를 쓸 수 있는 효율적인 분야에 집중하여 계획을 세우면 된다.

예를 들어, 나는 지금껏 한 학교의 미술 교사로만 살아왔으나 앞으로는 나의 미술작품을 여러 사람들이 보고 느낄 수 있게 유튜브 채널을 개설하고 활동을 시작하겠다는 목표를 정했다고 하자.

그럼 그 목표는 제품형 미술 플랫폼에서 도시형 미술 플랫폼으로 도시 재생을 이루려는 노력을 설정한 모습이 된다.

도시형 플랫폼을 구축하는 데는 인스타그램이나 페이스북, 유튜브와 같은 SNS활동이 많이 도움된다. 그래야 도시형 플랫폼에 사람들이 유입되고 그 안에서 커뮤니티가 형성되며 자급자족 형태의 플랫폼이 완성될 것이기 때문이다.

'나'라는 도시의

Brand y

Brand y

Brand j

브랜드는 무엇일까?

플랫폼 씽킹 준비하기

PLATFORM THINKING

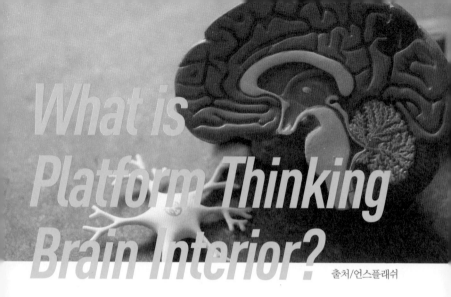

플랫폼씽킹 브레인 인테리어

플랫폼씽킹을 위해서는 현재 우리가 갖고 있는 씽킹의 내부 구조를 점검하고 정비해야 한다. 플랫폼씽킹은 우리의 아이디어나 새로운 비즈니스를 진행할 때 도움을 주는데, 여기서는 새로운 비즈니스를 위해 아이템을 선정하며 씽킹을 디자인하는 경우를 예로 들겠다.

> **새로운 비즈니스** : [   ] **를 판매하기**

앞의 그림처럼 새로운 비즈니스를 위해 사업 아이템을 고민하는 상황을 가정하여 여기서는 볼펜을 비즈니스 아이템으로 설정하고 예를 들도록 하겠다.

볼펜 판매
비즈니스

위 그림처럼 볼펜을 판매하는 비즈니스에 사각형 박스를 그려 준다. 그다음 볼펜 판매라는 비즈니스를 실행하지 않았을 때와 실행했을 때의 모습을 예측하고, 표 좌우편에 적어 가로 3칸의 표를 완성한다.

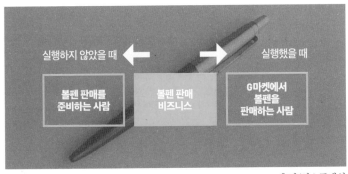

출처/언스플래쉬

이렇게 실행 이후의 단계를 적으면 미래의 내 모습이 더욱 구체적으로 머릿속에 그려지게 된다. WHAT어떤 것에만 머물던 나의 씽킹이 HOW어떻게로 구체화되며 발전해 나가게 되는 과정이라고 설명할 수 있다.

그다음 볼펜 판매 비즈니스를 실행하여 성공했을 때와 실패했을 때의 모습을 예상해 보고 표 위아래에 적어 보자.

플랫폼씽킹

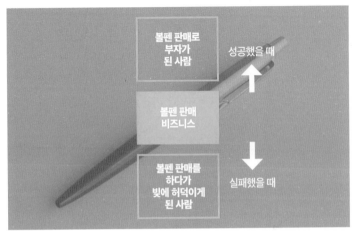

출처/언스플래쉬

이제는 이 표 두 개를 합쳐 보자.

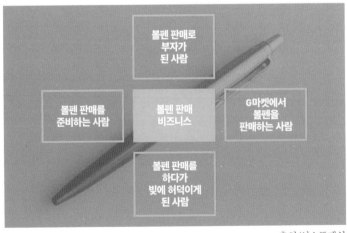

출처/언스플래쉬

다음은 이렇게 나타난 십자 모양의 틀에 양쪽 가로 끝 + 세로 끝의 상황을 결합하여 모서리 부분을 채워 준다. 예를 들면, 오른쪽 가로 끝은 실행했을 때의 상황이고 위쪽 세로 끝은 성공했을 때의 상황이므로 그 둘의 사이 부분 모서리는 실행을 통해 성공했을 때의 미래 모습을 적어 준다.

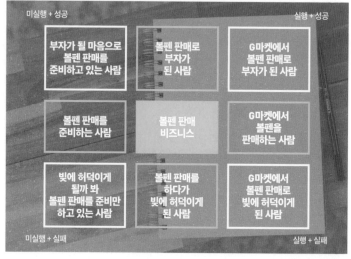

출처/언스플래쉬

이렇게 네 모서리에 실행과 미실행, 성공과 실패의 상황을 결합하고 예측하여 기획해 보았다. 이젠 네 모서리에 적힌 나의 모습에 대해서 메모를 남겨 보자. 메모는 4가지 항목의 아주 간단한 기획서 형식으로 남기면 된다.

다음의 항목을 적어 보자.

기획서 메모

① 이 모습을 통해 궁극적으로 내가 얻고자 하는 것은?

② 이 모습이 되기 위해 필요한 비용수고, 노력 등 포함은?

③ 이 모습을 통해 기대할 수 있는 효과는?

④ 이 모습을 이루기 위해 어떻게 행동할 것인지?

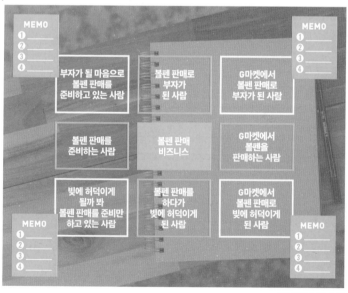

출처/언스플래쉬

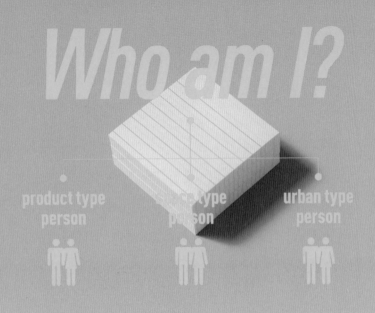

플랫폼씽커 되기

지금까지 설명한 제품형, 공간형, 도시형 플랫폼을 방금 메모한 기획서에 접목하여 생각해 보자.

- 제품형 플랫폼: 특수한 기능을 보유한 플랫폼 ex) 의사, 변호사
- 공간형 플랫폼: 공간 내에 유입시킨 뒤 머물게 하는 플랫폼

    ex) 걸 그룹, 록 밴드

- 도시형 플랫폼: 조직의 행동에 영향을 미치는 지도자적
  플랫폼 ex) 기업 CEO

제품형 플랫폼

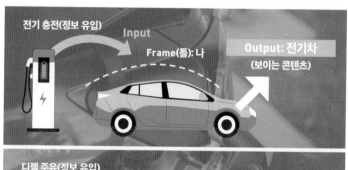

위 그림처럼 제품형 플랫폼은 끊임없는 정보 유입Input을
통해 '나'라는 프레임이 어떤 기능을 하는 제품인지 나타낸
다. 정보 유입에는 4가지 세트가 있는데 '칼강뉴책'이 그것이
다. 다음 그림을 보자.

　내가 구축하려는 플랫폼과 관련된 저명한 인사의 신문 칼럼, 연사의 강의, 뉴스 기사, 관련 서적 이렇게 '칼강뉴책' 세트를 지속적으로 내게 유입시키면 어느새 누구도 범접할 수 없는 전문가가 되어 있을 것이다.

　현대 사회는 정보를 얻기 매우 쉽고 편리하므로 '칼강뉴책' 세트를 다루기 어렵지 않다. 만약 네 가지를 모두 다루기 어렵고 부담된다면, 우선 뉴스나 관련 서적을 조금씩 찾아보면서 시작하자. '칼강뉴책' 세트의 정보 유입을 통해 '나'라고 하는 프레임의 사상과 철학이 형성된다면 전문가로서의 제품형 플랫폼 완성은 더욱 빠르고 가까워질 것이다.

공간형 플랫폼

지금까지 설명한 제품형 플랫폼은 어떤 특별한 기능을 발휘하는 데 중점을 둔 반면, 공간형 플랫폼은 다양한 기능을 가진 제품들을 공간 내에 조화롭게 배치해 놓고 사람들이 그 공간에 들어올 수 있도록 플랫폼을 구성하는 개념이다.

공간에 대한 철학과 콘셉트가 분명하다면 거기에 맞는 제품들을 공간 내에 구성하게 될 것이다.

공간형 플랫폼

제품

출처/언스플래쉬

　칼강뉴책의 정보 유입 세트를 이용하여 나의 씽킹 속 공간에 콘셉트를 정하고 필요한 제품들을 배치한다. 유의할 점은 공간에 대한 콘셉트가 분명히 있어야만 한다는 점이다.

　가령 내가 추구하는 공간의 콘셉트가 모던Modern이라면 그 모던함을 구성하기 위한 오브제를 공간 안에 배치할 것이다. 이런 상황에서 만약 빈티지한 느낌의 오브제나 앤티크한 아이템을 공간에 배치한다면 공간의 콘셉트가 무너질 것이다.

플랫폼씽킹

따라서 다양성을 추구하되 콘셉트를 유지하며 공간 내로 사람들을 유입시키는 방법에 대해 고민하는 씽킹이 바로 공간형 플랫폼이라 할 수 있다. 칼강뉴책의 정보 유입 세트를 분석할 때도 내 씽킹이라는 공간의 철학을 분명히 정하고 또 잊지 말아야 한다. 이렇게 나의 씽킹 속 공간에 대한 플랫폼을 완성해 나가면 공간형 플랫폼으로 다가가게 된다.

도시형 플랫폼

도시형 플랫폼은 도시 내에 지내는 사람들이 공통적으로 향유할 수 있는 가치를 만들어 내는 것이 중요하다. 그렇게 형

성되어 공유되는 도시의 정체성은 일종의 생활양식이 되어 도시 구성원들의 행동에 많은 영향력을 행사한다.

이러한 방식으로 도시의 구성요소를 직접 디자인하고 적절히 통제할 때 도시 구성원들에게 유익을 줄 수 있다.

도시형 플랫폼은 제품형이나 공간형 플랫폼에 비해 비교적 많은 정보들을 주입시키고, 그 안에서 서로 유기적인 순환구조를 만들어 하나의 도시생태계를 구성하는 방법이다. 도로

명, 공원 이름 등을 칼강뉴책 세트를 이용해 설정하고 정보가
원활히 유입되고 회전될 수 있도록 해야 한다. 제품형이나 공
간형 플랫폼에 비해 훨씬 큰 스케일로 움직이는 플랫폼이라
할 수 있다.

플랫폼씽킹을 위해서는

Platform
Thinking

현재 우리가 갖고 있는
씽킹의 내부 구조를
점검하고 정비해야 한다

플랫폼씽킹 실행하기

지금까지의 브레인 인테리어 내용을 정리하여 직접 실행에 옮겨 보자. 오른쪽의 표를 보자. 우선 무엇을What 할 것인지부터 가운데에 정한다. 좌우측에는 실행하지 않았을 때와 실행했을 때 어떻게 될 것인지를 적는다. 위와 아래에는 해당 계획이 성공했을 때와 실패했을 경우를 예측하여 그 결괏값을 적는다.

그다음 실행하지 않았을 때 성공한 모습, 실행하지 않았을 때 실패한 모습, 실행했을 때 성공한 경우, 실행했는데 실패한 경우 이렇게 4가지 경우의 수를 모두 모서리에 작성하여 큰 사각형을 완성한다.

그리고 그다음에는 [실행 + 성공]이 결합된 내용에 대한 4가지 항목에 관해 짧은 메모를 간단한 기획서 형식으로 남긴다.

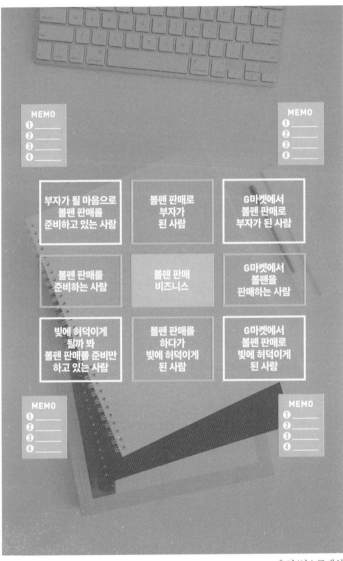

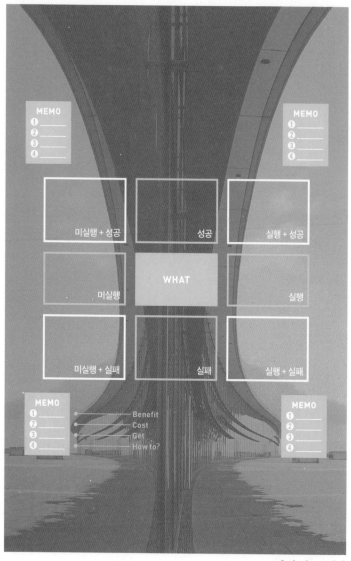

출처/언스플래쉬

기능을 발휘하는 제품형 플랫폼을 완성해 보자.

제품의 프레임은 '나'에 대해서 기술하는데, 내가 어떤 능력을 보유한 사람인지 정확히 알아야만 제대로 된 아웃풋을 도출해 낼 수 있다.

출처/언스플래쉬

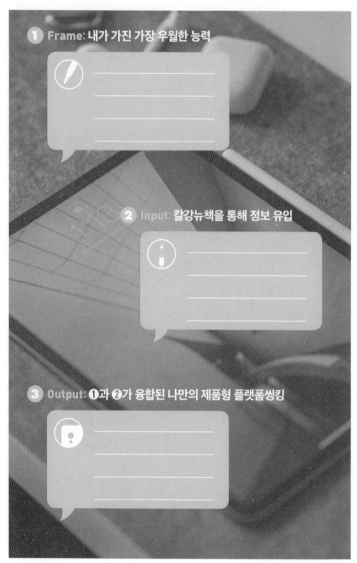

플랫폼씽킹

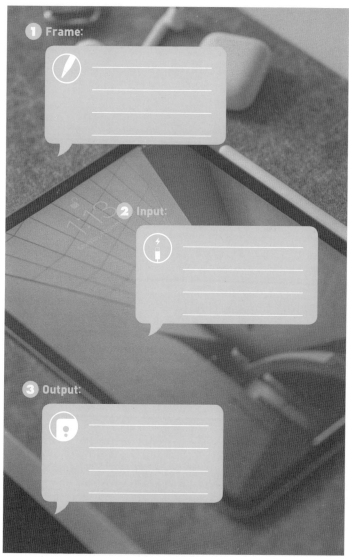

출처/언스플래쉬

'나'라는 공간에 손님을 초대한다고 가정할 때, 내 공간을 어떤 관점으로 소개해야 할지를 고민하고 그 씽킹 플랫폼에 정보를 유입하여 발전시킨다.

공간에서의 구조물인 프레임은 '나'에 대해서 기술하고, '나'라는 공간 안에 어떤 가치를 주로 담는지 적는다.

내가 중요하게 생각하는 가치, 내 안에 간직하고 있는 가치와 요소들을 정확히 분석해 내어 '나'라는 존재의 공간성을 구조화하여 더 나은 사고방식을 갖추도록 유도한다.

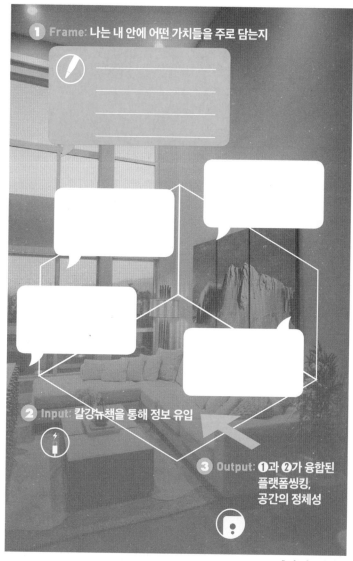

출처/언스플래쉬

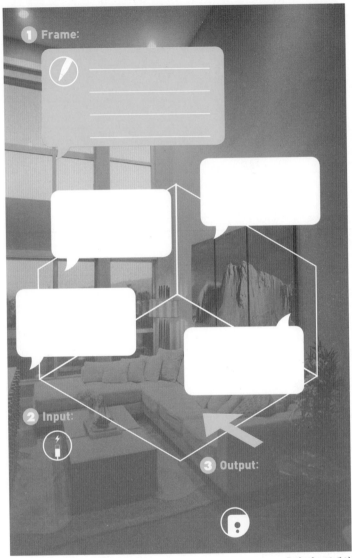

플랫폼씽킹

도시형 플랫폼

조직 구성원들에게 물리적, 사상적으로 영향을 끼치는 존재를 지도자라 할 수 있다. 주로 기업이나 큰 단체의 운영자들이 도시 플랫폼인 경우가 많으며, 운영자가 많은 큰 기업의 경우에는 운영자마다 도시 플랫폼을 보유하고 있다. 이렇게 많은 도시들이 기업 내에서 서로 연결되고 경쟁하며 기업이라는 한 국가를 이루게 된다. 제품과 공간에 비해 그 규모가 큰 도시 플랫폼은 가치에 대한 기술을 할 때 더 방대한 스케일이 요구되기도 한다.

출처/언스플래쉬

플랫폼씽킹

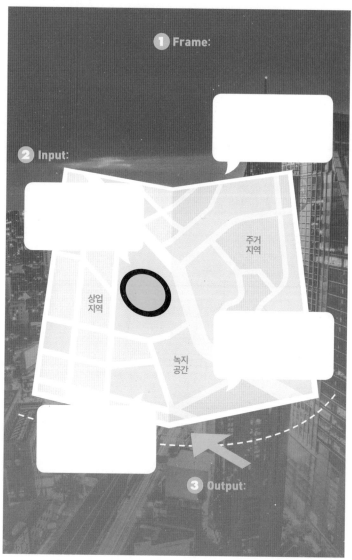

플랫폼씽킹
시작하기

PLATFORM THINKING

플랫폼씽킹

플랫폼씽킹

우리는 뉴스나 신문에서 '플랫폼'이라는 단어를 자주 접한다. 네이버, 구글, 쿠팡과 같이 정보 제공자와 수요자가 쉴 새 없이 드나드는 곳을 플랫폼이라 부르고 그런 기업의 서비스를 일컫기도 한다. 정리하자면, 지금 세상이 이야기하고 있는 플랫폼의 정의는 산업의 한 분야라고 할 수 있다.

하지만 이 책에서는 제품과 공간, 도시를 각각 하나의 플랫폼으로 정의하였고, 유연한 사고의 방법론을 통해 씽킹의 범위를 확장시키거나 효율적으로 축소시키는 것을 '플랫폼씽킹'이라고 말하고 있다. 즉, 뉴스나 신문에서 정의 내리고 있는 산업으로서의 플랫폼과는 그 내용이 조금 다른 것이다.

구글을 예로 들어 보자. 우리는 어쩌면 구글을 하나의 제품으로 생각하고 있는지 모른다. 인터넷에는 수많은 포털사이트가 있는데 구글은 그 생태계에 속하는 하나의 서비스일 뿐이니까. 심지어 우리나라 사람들이 압도적으로 많이 사용하고 있는 '네이버'라는 포털사이트와 제품형 플랫폼으로서의 경

쟁체제를 이루고 있는 하나의 대상으로만 정의 내리려 한다.

우리가 인터넷에서 어떤 것을 검색할 때 네이버라는 포털에서 검색할지, 아니면 구글에서 검색할지 고민하고 선택하는 것은 포털사이트에 대해 '검색 기능이 가능한 제품'으로만 인식하고 있기 때문이다. 하지만 구글을 포털사이트라는 제품이 아닌 도시로 인식하면 이야기는 달라진다. 플랫폼을 다르게 생각해 보는 것이다.

제품형 플랫폼

도시형 플랫폼

출처/언스플래쉬

플랫폼씽킹

우리는 스마트폰 화면에 구글이라는 앱을 설치해 두었기에 구글을 인식할 때 하나의 제품으로 인식될 수 있다. 하지만 구글이라는 공간 내에는 구글 검색창이라는 넓은 바다와 함께 유튜브라는 디지털 단지, G-mail이라는 우편 집중국, 플레이 스토어라는 대형 쇼핑센터가 있다. 그리고 무엇보다 그런 도시 시설을 이용하는 많은 시민들이 있다. 즉, 구글의 생태계는 단순한 제품이 아닌 '나'라는 구글 시민을 위한 다양한 시설을 갖춰 놓은 일종의 도시인 셈이다.

공간형 플랫폼인 줄로만 알았던 걸 그룹이라는 공간이 알고 보면 도시의 형태로 구성되어 있을 수도 있고, 구글이라는 도시 속 하나의 건물인 줄로만 알았던 유튜브가 사실은 거대한 규모의 도시일 수도 있다.

모든 일은 정의 내리는 것부터 시작된다. 우리는 유연한 사고의 확장력을 통해 내가 탐구하려는 분야가 제품형인지, 공간형인지 아니면 도시형 플랫폼인지를 먼저 생각하고 내게 맞는 효율적인 플랫폼으로 선택하고 정의 내려야 한다.

씽킹의 범위를
확장시키거나
효율적으로 축소시키는
것을

Platform
Thinking

'플랫폼씽킹'이라고
말하고 있다

유튜브 플랫폼씽킹

플랫폼씽킹을 통해 유튜브를 제품이 아닌 도시로 바라보자.
유튜브라는 도시에 내가 계정을 개설하면 마치 주민센터에서
전입신고를 하는 것처럼 내 이름이 등록된다. 그리고 유튜브
로부터 나만의 작은 공간을 할당받게 된다.

만일 내 계정의 구독자 수가 높아져 10만 구독자를 돌파하

면 유튜브로부터 실버 버튼이라는 공로패를 받게 된다. 이때부터는 자치행정력을 보유한 작은 도시로 인정받게 된다. 유동 인구가 확보되어 있으며 상업시설과 공원 및 녹지공간이 구분된 도시의 모습처럼 콘텐츠의 카테고리가 성격별로 구분되어 있기 때문이다.

구독자 수가 100만 명을 넘으면 골드 버튼을 받게 되는데 그때부터는 독립적인 자치행정력이 갖추어졌다고 보고 광역시급의 대도시Metropolitan가 된다. 계정 내의 콘텐츠들은 도시의 구성요소가 되고 높은 유동 인구는 그 요소들에 반응하며 도시의 생태계를 구축해 나간다.

출처/언스플래쉬

우리는 보통 도심지에 어떤 공간이나 건축물을 구축하기 위해 주변 상권을 조사하는 등 입지분석 과정을 거친다. 플랫폼씽킹을 통해 유튜브 내의 입지를 분석하고자 한다면 그건 구독자들의 인식에 대한 수요분석으로도 가능하다.

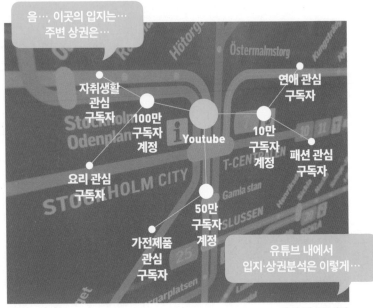

출처/언스플래쉬

상권분석과 입지분석이 끝났으면 내 공간의 콘셉트를 정하고 유튜브 내에 입점하여 상점을 오픈하면 된다. 콘셉트는 블

플랫폼씽킹

로그, 제품 리뷰, 일상생활 등등 다양하게 설정할 수 있다. 유튜브는 일정한 구독자 수를 채우고 나면 광고비 정산을 통해 운영자에게 수익을 창출할 수 있도록 해 준다. 이는 그 계정이 '도시'로서의 자생능력을 갖추게 하기 위함이다.

공간재생, 도시재생과 같은 측면의 활동들이 유튜브 생태계에서도 나타나고 있다. 첫 번째 예는 '박막례 할머니'이다. 지금은 너무도 유명세를 타고 있는 분이지만 유튜브에 등장하지 않았다면 그냥 일반인 할머니였을 것이다. '박막례'라는 단순한 공간이 하나의 도시로 업그레이드된 플랫폼씽킹의 좋

은 사례라고 할 수 있다. 유튜브라는 도시를 통해 유튜브 시민 채널 운영자에 대한 공간재생이 일어난 것이다.

다음으로 유튜브 채널 '성호육묘장'이다. 유튜브를 잘 활용한 덕택에 아무도 관심을 주지 않을 법한 시골의 농사일에 대해 주목도를 높이고 공간재생을 이룰 수 있었다. 프로필의 섬네일 사진도 없고, 발음도 쉽지 않은 '성호육묘장'은 어느덧 40만 구독자를 넘긴 지 오래다. 이는 유튜브라는 도시 안에서 플랫폼씽킹을 통해 공간재생을 이뤄낸 모습이다.

퍼스널브랜드씽킹 플랫폼

직장에 다니는 사람도, 아직 취업하지 못한 취준생 또는 학생일지라도 각자 자신을 드러낼 수 있는 브랜드가 있어야 한다. 이를 퍼스널브랜드Personal Brand라고 한다.

퍼스널브랜드는 자기 자신을 하나의 브랜드로 인식할 수 있게 해 주는데, 이를 통해 그 사람의 경쟁력이 하나의 브랜드로 응축된다. 이러한 퍼스널브랜드를 구축해가는 과정을 퍼스널브랜딩Personal Branding이라고 한다.

브랜드가 아직 확실히 구축되지 않은 우리는 브랜딩을 통해 하나의 브랜드를 확립할 필요가 있다. 그 퍼스널브랜드만 있으면 아직 취직을 하지 않은 사람도 바로 CEO가 될 수 있다.

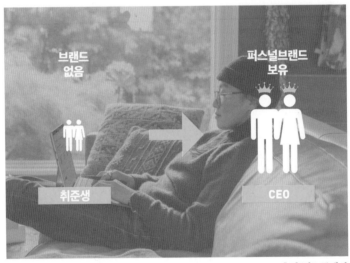

출처/언스플래쉬

우리는 취직하기 전까지는 직업이 없는 사람이라고 생각한

플랫폼씽킹

다. 취업 후에는 직업을 가진 사람이 된다. 하지만 직업을 가졌다고 해서 브랜드를 가진 사람이라고 말할 수는 없다. 직장에서 일을 하다가 다른 회사로 이직을 준비할 때 새로 이력서를 쓰게 되는데, 이때 이력서나 자기소개서가 아닌 개인의 브랜드를 소개하는 프레젠테이션을 준비한다면 그 사람의 경쟁력은 엄청나게 커질 것이다.

하지만 우리는 이렇게 행동하지 못한다. 아직 우리 자신이 하나의 브랜드가 되었다고 확신하지 못하고 있기 때문이다.

사람들은 저마다 잘하는 분야가 있다. 그 특기를 앞세워 하나의 브랜드를 만들면 된다. 필자는 다년간의 창업 경험과 쌓인 노하우를 바탕으로 창업 관련 퍼스널브랜드를 보유 중이다. 그 브랜드력을 바탕으로 현재 여러 대학에서 교수로 강의를 진행하고 있다.

남들과 비교해 더 나은, 차별화된 브랜드가 되기 위해서는 남들이 가지지 못한 경험 하나를 추가하면 된다. 필자는 머릿속에 있는 신제품에 대한 아이디어를 끄집어 내어 우선 특허를 출원했고, 특허청에 특허 등록 및 상표 등록을 받는 과정에서 창업을 시작했다.

이런 방식으로 회사를 창업했다는, 남들과는 다른 스토리 하나만으로도 퍼스널브랜드는 만들어진다. 그 후로도 여러 회사를 창업하고 또 매각하며 수익을 발생시킨 모습은 나만의 뚜렷한 퍼스널브랜드를 구축하는 데 좋은 자료가 된다.

곰곰이 생각해 보자. 남들과는 다르게 살아온 나만의 스토리가 분명 있을 것이다. 나의 특기와 잘 융합하여 나만의 독보적인 스토리를 만들고 이를 브랜드화하자. 퍼스널브랜드의 보유는 취업 및 창업시장에서 큰 도움이 될 것이다.

취준생이 CEO가 되는 퍼스널브랜드씽킹

앞 장의 설명을 통해 퍼스널브랜드에 대해 이해했다면, 이제
는 퍼스널브랜드씽킹을 통해 진짜 CEO가 되는 방법을 설명
하려 한다.

누구나 퍼스널브랜드를 가지고 있어야 한다고 말했다. 그
브랜드를 구축해가는 단계인 퍼스널브랜딩에서 자기만의 노

출처/언스플래쉬

하우를 찾자. 그리고 다른 사람의 브랜드에는 없는 나만의 독보적인 무기가 있다면 그걸 앞세워서 브랜드를 만들면 된다.

필자의 경우를 예로 들겠다. 필자는 대학에서 디자인을 전공한 후 얼마간의 직장생활을 거쳐 곧바로 창업을 시작했다. 디자인이라는 분야에서의 창업은 흔한 일이 아니었기에 그 내용을 바탕으로 '디자인창업론'이라는 대학 수업의 특강을 진행할 수 있었다.

하지만 필자는 단순히 창업을 한 것이 아니라 사업에 대한 아이디어를 특허로 출원하며 시작했던 것이기에 후에는 '창업과 지식재산권'이라는 제목으로 대학에서 강의를 했다. 그 이후 '창업아이디어 프로젝트'라는 제목으로도 강의하였고, 아이디어와 씽킹에 대한 칼럼을 여러 신문에 기고한 덕에 '창업과 Thinking Design'이라는 제목으로 경희대학교에서 강의를 하고 있다.

필자에게는 강의를 하고 싶은 바람과 창업이라는 특기가 있었기에 이 둘을 융합하여 창업을 강의하는 브랜드를 만들

Make your brand, make yourself as your brand

출처/언스플래쉬

었고, 곧바로 그 브랜드의 CEO가 된 것이다.

누구에게나 저마다의 특기와 노하우가 있다. 이를 살려서 브랜드를 만들고, 자기소개서를 쓰는 게 아니라 브랜드 소개서를 쓴다면 훨씬 더 큰 경쟁력을 갖출 수 있게 되지 않을까.

취업시장에서 내가 선택되길 바라는 것은 '나'라는 브랜드가 선택되길 바라는 것과 동일하다. '나'라는 브랜드를 앞세워 회사에 취직하면 내 브랜드가 회사와 제휴를 맺는 것이다. 내가 연봉을 받는 건 이 회사를 위해 내 브랜드에서 처리해 낸 일들에 대한 금액이 회사로부터 지급되는 것이다. 씽킹을 달리하면 내 포지션도 달라진다.

나 자신을 개인으로 보지 말고, 내 브랜드의 CEO로 여기자. 그러면 자신감이 생기고 자존감도 높아지며 취업시장에서 말의 어투도 달라질 것이다. 내 브랜드는 나만 운영할 수 있다. 내 브랜드의 능력이 적절하게 사용될 수 있는 회사와 손을 잡는 게 바로 취직이다. 취직되고 나면 나는 그냥 내 브랜드를 효율적으로 관리해 주기만 하면 되는 것이다.

우리 모두 자기 자신의 플랫폼에 대해 달리 생각하자. 개인으로서의 플랫폼을 생각하지 말고 하나의 기업으로 생각해 보자. 그리고 지금 당장 브랜드를 만들어 보자. 그 안에서 경쟁력이 생겨날 것이다.

플랫폼씽킹

플랫폼씽킹

응용하기

PLATFORM THINKING

Connect things, Bluetooth

블루투스 & 와이파이 플랫폼

우리는 블루투스Bluetooth 기술을 이용해 무선 이어폰을 사용할 수도 있고, 또 대형 스피커에 스마트폰 음악을 무선으로 편리하게 재생할 수도 있다. 무선으로 이용 가능한 이 블루투스 기능은 기기와 기기 간에 1:1로만 연결된다는 특성이 있다.

만약 블루투스 무선 이어폰이 1:1이 아닌 '1:다수'로 가능하다면 우리는 음악을 들으면서 근처에 있는 타인의 통화 내용을 들어야 할 수도 있고, 통화를 하던 중 남이 듣고 있는 음악이 내 이어폰에 흘러나올 수도 있다.

이처럼 블루투스 기능이 1:1로만 가능하다는 특성 때문에 우리는 타인의 연결 간섭에 대해 신경 쓰지 않고 블루투스 기기를 편리하게 사용할 수 있다.

출처/언스플래쉬

출처/언스플래쉬

무선으로 연결이 가능한 건 블루투스뿐 아니라 와이파이 Wi-Fi도 있는데, 1:1을 추구하는 블루투스와는 달리 와이파이 는 '1:다수'의 연결이 가능하다. 따라서 비밀번호가 없는 와이파이 신호를 받아서 쓴다면 기기를 가진 누구나 연결 가능하고, 만약 비밀번호가 부여되어 있다면 비밀번호를 입력한 뒤 누구나 와이파이에 연결 접속이 가능하다.

우리는 보통 와이파이를 통해 인터넷을 연결하며, 스마트폰이나 노트북 등의 기기를 와이파이에 연결한다. 이 때문에 한 공간 안에 있는 여러 사람들은 하나의 와이파이 신호를 공유하며 인터넷에 접속하는 등의 모습을 보인다.

우리는 블루투스를 이용해 무선으로 기기를 연결하고 와이파이 신호를 받아 무선 인터넷 등의 편리함을 누리는데, 이를 플랫폼 단위로 생각해 보면 1:1 단위의 <블루투스 플랫폼>과 '1:다수'의 <와이파이 플랫폼>으로 구분해 볼 수 있다. 빠른 이해를 위해 성서에 기록된 내용을 살펴보자.

성서에 기록된 구약시대는 하나님께 예배를 드리기 위해 1:1의 블루투스 플랫폼을 사용하였다. 흠 없는 어린양을 잡아서 죽이고 그 피를 사용해 1:1로 블루투스 방식의 제사를 드렸는데, 이게 신약으로 넘어오면서 와이파이 방식으로 변한다.

예수님이 태어난 후 십자가에 못 박혀 피를 흘리게 되자 그 이후로의 제사는 흠 없는 양의 피를 사용한 1:1 방식이 아닌, 예수가 흘린 피를 통해 어디서든지 하나님께 접속 가능한 원거리 와이파이 방식으로 변한 것이다.

블루투스 플랫폼의 구약 시절에는 제사를 위해 모든 사람이 하나님을 향해 1:1로 양을 잡아 죽여야 했던 반면, 와이파이 플랫폼의 지금 신약 시절에는 예수의 죽음 덕분에 모든 사람이 하나님과 '1:다수'의 플랫폼으로 더 이상 피를 흘리지 않고도 접속이 가능해진 것이다.

이처럼 블루투스 플랫폼과 와이파이 플랫폼을 우리 일상에도 적용해 볼 수 있다. 만약 클라이언트의 디자인을 의뢰받는 디자인 회사가 있다고 한다면, 그 디자인 작업을 의뢰받아 클라이언트를 만족시키는 작업 행위는 1:1 방식의 블루투스 플랫폼이라 할 수 있다.

반면, 클라이언트의 의뢰를 1:1로 받지 않고 여러 디자인 템플릿을 웹상에 올려놓고 필요한 사람들로 하여금 구매하게 한다면 이는 '1:다수'의 비즈니스 체제가 되어 와이파이 플랫폼이라고 할 수 있다.

우리 일상에는 블루투스 플랫폼으로만 처리 가능한 일들이 있는가 하면, 와이파이 플랫폼으로 플랫폼을 전환하여 편익

Bluetooth
Platform

1:1

wi-fi
Platform

1:mass

을 누릴 수 있는 경우가 있다. 어떤 일을 하기 전에 이 일이 블루투스 플랫폼으로 처리하는 게 나을지, 아니면 와이파이 플랫폼을 선택하는 게 나을지를 깊이 있게 생각해 보고 방법론을 도출해야 한다.

블루투스 플랫폼으로 일을 처리하면 에너지를 많이 소모해야 하는 대신 수익성은 높일 수 있다는 장점이 있다. 반면, 와이파이 플랫폼을 선택하면 투입되는 에너지를 낮추는 대신 수익성도 낮아질 수 있다는 게 보편적이다.

출처/언스플래쉬

순환 교육플랫폼

필자는 자체적인 순환 교육플랫폼을 개발하여 이를 대학교에서 강의할 때 활용하였다. 순환 교육플랫폼은 리사이클이 되며 회전하는 순환경제 모델에서 그 플랫폼만을 바꾼 것인데, 이를 통해 낭비되는 에너지를 모두 축적하고 소통할 수 있는 교육모델을 완성할 수 있게 되었다.

순환경제Circular Economy는 자원 절약과 재활용을 통해 지속

8장 플랫폼씽킹 응용하기   **203**

가능성을 추구하는 친환경 경제모델을 말한다. 자원을 채취하고 생산한 뒤 폐기하는 기존 선형경제의 대안으로 나타났는데, 폐기하는 쓰레기양을 줄이고 이를 다시 재생산으로 순환시키는 모델이다.

필자의 순환 교육플랫폼은 강의를 진행한 뒤 수강생들이 직접 현장 사진과 함께 후기를 네이버 카페에 적게 하는 것이다. 여기에는 상당한 편익이 숨어 있다.

우선 학생들에게 강의 후기를 쓰게 하면 묵묵히 강의를 듣고 조용히 집에 간 학생이 대체 무슨 생각을 하고 있었는지를 알 수 있다. 보통 강의나 수업은 교육 제공자가 피제공자에게 일방적인 전달을 하는 것으로 생각하기 쉽다. 하지만 이런 과정은 교육을 받는 학생으로부터 원활한 피드백을 받기 어렵기 때문에 전체적인 교육의 질이 저하될 우려가 있다.

그러나 후기를 받게 되면 수업 시간에 하지 못했던 말, 질문하지 못했던 내용 등을 상세히 받아 볼 수 있게 되는 동시에 데이터가 수집되어 다음 강의의 방향을 수정하거나 새롭게 설정할 수 있다.

또한 이렇게 네이버 카페로 커뮤니티를 활성화하면 카페 등급이 올라가고, 나중에는 네이버 카페를 통한 수익 창출도 가능해진다.

네이버 카페에 게시글을 올릴 때는 단순히 글만 올리는 것보다 '사진+글'의 형태로 게시하는 것이 검색 노출에 더욱 용이한데, 수강생들이 직접 사진을 찍어 그 사진과 함께 후기 형태로 올리면 카페 검색이 더욱 잘 되는 결과를 얻을 수 있다.

수강생들이 업로드한 글과 사진은 나중에 마케팅 용도로도 활용할 수 있다. 그리고 종이 레포트를 따로 받는 등의 활동이 없어 종이 사용량이 줄기 때문에 환경에도 도움이 된다.

이처럼 순환 교육플랫폼을 통해 필자는 강의력에 많은 이점을 누리며 교육활동을 하고 있다. 큰 그림을 보자. 나무가 아닌 숲의 플랫폼을 바라보자. 플랫폼에 대한 역발상은 문제해결뿐만 아니라 더 큰 수익 창출에 도움을 줄 것이다.

나무가 아닌 숲의

Plat

as a

플랫폼을 바라보자

orm

orest

플랫폼을 바꾸라는 말은 내가 몸담고 있는 대학에서 강의했을 때도 절반 정도밖에 이해하지 못했던 내용인 것 같다. 강의 후 네이버 카페에 올라온 강의 후기를 보고서야 알았다. 현재 사람들에게 플랫폼이라는 단어의 의미는 IT 계열에서 제공하는 서비스로만 고정되어 있으며 그 사용범위가 매우 한정적이라는 것을……

이전까지 없던 책을 쓰고 싶었다. 새로움을 추구하되 이해하기는 쉬운 책을 사람들에게 제공해 주고 싶었다. 그동안 플랫폼을 바꾼다는 건 쉽게 할 수 있는 말이었음에도 그 개념을 명확히 드러내기에는 어려움이 많았다. 이 책이 그 어려움을 극복하는 새로운 전환의 계기가 되길 바란다.

동일한 대상을 제품으로, 공간으로 그리고 도시로 이해하고 사고하려는 노력은 여태껏 시도된 적 없던 전혀 새로운 방식의 사고법이다. 플랫폼을 유연하게 늘이고 줄이며 사고의 폭을 조절하는 건 이 시대에 누군가로부터는 반드시 시도되어야 할 내용이었기에 과감히 펜을 들었다.

플랫폼씽킹은 누구나 시작할 수 있고, 누구나 그로 인한 편익을 누릴 수 있다. 사고방식만 바꾸면 별 볼 일 없을 것 같던 나 자신이 하나의 멋진 브랜드가 될 수 있고, 취준생으로 머물던 나 자신이 CEO가 될 수도 있다. 취직이란 일자리를 구걸하는 게 아니라 '나'라는 회사를 매수하라고 상대방 회사에 요구하는 행위다. 이렇게 생각의 플랫폼을 바꾸면, 우리가 안고 있는 문제는 그 부피가 훨씬 축소된다.

모두 플랫폼씽커가 되어 문제를 뒤집고 즐길 수 있었으면 좋겠다. 플랫폼씽킹을 통해 칼럼니스트가 되고 작가가 되길 바란다. 이 책이 당신의 삶에 유의미한 터닝 포인트가 되었으면 좋겠다.

장기민

플랫폼씽킹

초판 1쇄 인쇄	2023년 2월 13일
초판 1쇄 발행	2023년 2월 17일
지은이	장기민
기획	이유림
편집	지은정
마케팅 총괄	임동건
마케팅 지원	안보라, 김민숙, 임주성
경영 지원	임정혁, 이순미
펴낸이	최익성
펴낸 곳	플랜비디자인
디자인	페이퍼컷 장상호
출판 등록	제2016-000001호
주소	경기도 화성시 동탄첨단산업1로 27, A동 3210호
전화	031-8050-0508
팩스	02-2179-8994
이메일	planbdesigncompany@gmail.com

ISBN 979-11-6832-043-7 03320